Sociedad conyugal (o patrimonial)

vs.

Libre administración y disposición de bienes

Simulación absoluta, simulación relativa y acto de reserva mental

Diego Buitrago Flórez

ISBN 9798836597795

Primera edición 2022

© Diego Buitrago Flórez
Email: dibuflo@gmail.com

Queda prohibida la reproducción total o parcial de esta obra, por cualquier proceso reprográfico o por fotocopia, microfilme, offset o mimeógrafo, sin la expresa autorización del titular del copyright. Las opiniones aquí expresadas son responsabilidad del autor.

Sociedad conyugal (o patrimonial) es
Libre administración y disposición de bienes

A mi hija, a mi madre y a mi esposa.

Sociedad conyugal (o patrimonial) vs
Libre administracion y disposicion de bienes

CONVENCIONES UTILIZADAS

1ª. En correspondencia con la nueva nomenclatura alfanumérica para la identificación de providencias adoptada por la Corte Suprema de Justicia, según Circular 04 de 2014, se acogen las siguientes siglas o abreviaturas:

CSJ Corte Suprema de Justicia
C Sala Civil
L Sala Laboral
P Sala Penal
P L Sala Plena
A Auto
S Sentencia
T Tutela

Se emplean también estas otras abreviaturas:

C.C. Código Civil
C.Co. Código de Comercio
C.G.P. Código General del Proceso
C.P.C. Código de Procedimiento Civil
M.P. Magistrado ponente
SU Sentencia de unificación

2ª. **Palabras claves:** Sociedad conyugal. Sociedad patrimonial (de bienes entre compañeros permanentes). Matrimonio. Unión marital de hecho. Disolución. Libre administración y disposición. Simulación. Nulidad. Interdicción.

ÍNDICE GENERAL

PÁG

Dedicatoria... v
Convenciones utilizadas.. vii

Introducción 1

Capítulo I

Sentido y alcance de los artículos 180, 1774 y 1777 (inciso 2°) del C. C. y 1° de la Ley 28 de 1932 5

Capítulo II

Variación de la jurisprudencia (sentencia SC16280 de 18 de noviembre de 2016) 11

1. Libre administración y disposición de bienes sociales (siempre que tenga por objeto aumentar gananciales y facilitar transacciones y no disipar el patrimonio o cometer fraudes) 14
2. Legitimación para demandar actos simulados 18

Capítulo III

Antecedentes de la nueva postura de la Corte 21

Capítulo IV

Armonización de las dos corrientes interpretativas 27

Capítulo V

Fundamentos de la pervivencia del artículo 1° de la Ley 28 de 1932 ... 31
1. La propia sentencia SC16280 de 18 de noviembre de 2016   31
2. La superación de la época de la libre administración de los bienes sociales por parte del marido 32
3. La existencia de normas de excepción que propenden por la protección del patrimonio de la sociedad conyugal o patrimoni .. 33
4. La validez de la compraventa y de todo contrato relativo a inmuebles perfeccionado entre cónyuges no divorciados 35
    4.1. Derecho a la igualdad y alineación con el derecho comparado // Posibilidad de demandar actos simulados realizados por uno de los cónyuges o compañeros permanentes 42
5. La autorización para donar 44
6   Otros fundamentos 47

Capítulo VI

Simulación absoluta, simulación relativa y acto de reserva mental. 49
1. Hipótesis varias 49
    1.1. Simulación absoluta 50
    1.2. Simulación relativa 50
    1.3. Acto de reserva mental por interposición real del vendedor 50
    1.4. Acto de reserva mental por interposición real del comprador 51
    1.5. Simulación relativa en el mandato y acto de reserva mental por interposición real del vendedor 51
    1.6. Simulación relativa en el mandato y acto de reserva mental por interposición real del comprador 52
2. Marco normativo 52
3. Jurisprudencia sobre la materia 54
4. Doctrina sobre la materia 58
5. Indicios de simulación 60
6. Breves notas sobre los institutos en mención 64

x

6.1. En la simulación absoluta la apariencia nada tiene de real 65

6.2. En la simulación relativa el negocio celebrado tiene contenido real 65

6.3. En el acto de reserva mental o interposición real de persona contratante el negocio celebrado tiene también contenido real 65

6.4. Aspectos sobre los cuales versa la simulación relativa.... 66

   6.4.1. Cambio de la naturaleza del acto (cuyos efectos se mantienen) 66

   6.4.2. Interposición ficticia de persona (denominada también convención de testaferro), sea tradente, sea adquirente. 66

   6.4.3. Cambio de las condiciones que rigen el acto (que realmente se celebra) inherentes al objeto, precio, fecha, modalidades, pactos accesorios, etc. 66

7. Conclusiones... 69

8. Acciones procedentes 71

9. Inexistencia, nulidad y simulación 71

9.1. La inexistencia es el no ser en el mundo jurídico, la nulidad entraña el nacimiento a la vida jurídica, y la simulación implica la estructura de declaraciones contrapuestas 71

9.2. La pretensión de nulidad es de carácter constitutivo, en tanto que la de simulación es declarativa. 73

10. Diferencias entre la acción de simulación, la acción oblicua, la acción pauliana y la acción de nulidad 75

   10.1. La acción de simulación o prevalencia tiene por objeto que se constate y declare la verdadera naturaleza o condición de una relación jurídica.. 75

   10.2. La acción oblicua o subrogatoria o indirecta le asiste a los acreedores del deudor renuente o impedido para aceptar, ejercer o reclamar sus derechos. 75

   10.3. La acción pauliana o revocatoria la tienen los acreedores del deudor para que se rescindan ciertos actos realizados por este de mala fe y en perjuicio de aquellos……………….. 78

   10.4. La acción de nulidad tiene por objeto la invalidez del acto jurídico (si de nulidad sustancial se trata), o de todo o parte de la actuación (si a una nulidad procesal concierne), o del documento (si a una nulidad formal corresponde). 78

11. Términos en que prescriben o precluyen las acciones correspondientes 83
12. Tabla de resumen 91

CAPÍTULO VII

Necesidad de redefinir la casuística sobre la materia 97

CAPÍTULO VIII

Sanción por ocultamiento o distracción de bienes 105

CAPÍTULO IX

Donaciones de poca monta, o por inminente piedad o beneficio, o anticipadas de la herencia 109

CAPÍTULO X

Donaciones de bienes propios 111

CAPÍTULO XI

Actos jurídicos simulados que podrían poner en riesgo el patrimonio del enajenante, y por esta vía el de la sociedad conyugal, o el de la sociedad patrimonial entre compañeros permanentes 113

CAPÍTULO XII

Conclusiones 119
Bibliografía 129

INTRODUCCIÓN

Los artículos 180, 1774 y 1777 (inciso 2°) del C. C. colombiano establecen, en esencia, que la sociedad conyugal nace con el matrimonio. Empero, al tenor del artículo 1° (enunciado inicial) de la Ley 28 de 1932 y según reiterada jurisprudencia de la CSJ, SC, la aludida sociedad surge, no con el matrimonio, sino a partir del momento en que entra en disolución. Tal línea jurisprudencial varió con la sentencia SC16280 de 18 de noviembre de 2016, en la cual se precisó que no es cierto que la sociedad conyugal principie al tiempo de su disolución.

En la presente monografía se demuestra que la nueva postura de la CSJ no obsta para que los cónyuges o compañeros permanentes puedan continuar administrando y disponiendo libremente de los bienes por ellos adquiridos durante la vigencia del matrimonio o unión marital, ya que la regla según la cual *la sociedad conyugal surge por el hecho del matrimonio* (artículos 180, 1774 y 1777 –inciso 2°– del C. C. y disposiciones afines), es compatible con la subregla, de excepción (y si se quiere de ficción), contenida en el artículo 1°, enunciado inicial, de la Ley 28 de 1932, indicativa de que *la sociedad conyugal surge, no con el matrimonio, sino a partir del momento en que entra en disolución.*

La armonización de las dos fórmulas permite entender (a la par de que lleva a concluir), que, con arreglo al segundo enunciado del artículo 1° mencionado*, los efectos de la sociedad conyugal (o de la patrimonial entre compañeros permanentes) se difieren, postergan o retardan, según corresponda, al momento en que se suscite alguna causal o situación que así lo indique.

De manera tangencial y por ser afín a los citados institutos, se incluye un somero análisis de los 1766 y 2177 del Código Civil, que se refieren en su orden a la *simulación* (tanto la absoluta como la relativa) y al *acto de reserva mental o interposición real de persona contratante* (propio de un *mandato oculto o sin representación*).

Cabe agregar que las ideas, reflexiones y conclusiones aquí consignadas, son pasibles de ser adoptadas (y adaptadas), **mutatis mutandis** (cambiando lo que se debe cambiar) y con los ajustes que correspondan, en los distintos regímenes jurídicos, en particular en los estatutos civiles o de familia de las diversas naciones, sean de tradición romano-germánica (*civil law*), sean de estirpe anglosajón (*common law*). Entre otras razones porque los distintos *Órdenes Jurídicos*, en punto a las disímiles instituciones que los integran, suelen incorporar reglas más o menos uniformes. Es así como funciona la evolución del derecho en los diferentes Estados.

---

* Reza el citado enunciado *"a la disolución del matrimonio o en cualquier otro evento en que conforme al Código Civil deba liquidarse la sociedad conyugal, se considerará que los cónyuges han tenido esta sociedad desde la celebración del matrimonio, y en consecuencia se procederá a su liquidación"*.

Ciertamente, en lo que concierne a ordenamientos de linaje romano-germánico, es de resaltar que el *Código Civil de Napoleón de 1804*, implementado en Francia, sirvió de referente a muchos otros países, tanto europeos (entre ellos Bélgica, Italia, Holanda, Luxemburgo, Países Bajos y Polonia), como del continente americano (Argentina, Bolivia, Chile, Colombia, Costa Rica, Ecuador, El Salvador, Nicaragua, Perú, República Dominicana y Venezuela).

Es por las anotadas razones, que no escapa a la referida dinámica lo inherente a la administración y disposición de bienes adquiridos durante la vigencia del matrimonio o unión marital de hecho.

Sociedad conyugal vs. libre administración y
disposición de bienes

Capítulo I

Sentido y alcance de los artículos 180, 1774 y 1777 (inciso 2°) del C. C. y 1° de la Ley 28 de 1932

"Por el hecho del matrimonio –reza el artículo 180 del Código Civil colombiano– *se contrae sociedad de bienes entre los cónyuges"*.

En similar sentido el artículo 1774 establece: *"A falta de pacto escrito*[1] *se entenderá, por el hecho del matrimonio, contraída la sociedad conyugal con arreglo a las disposiciones de este título"*.

De manera más explícita el inciso 2° del artículo 1777 del mismo código señala: *"No se podrá pactar que la sociedad conyugal tenga principio antes o después del matrimonio; toda disposición en contrario es nula"*.

---

[1] La expresión *"A falta de pacto escrito"* alude especialmente a las *capitulaciones matrimoniales* (reguladas en los artículos 1771 a 1773 y 1777 a 1780) y a las *renuncias a gananciales* (a las cuales se refieren principalmente los artículos 1775 y 1837 a 1841). De modo que la norma podría leerse así: *A falta de capitulaciones matrimoniales y de renuncia a gananciales "se entenderá, por el hecho del matrimonio, contraída la sociedad conyugal con arreglo a las disposiciones de este título"*.

Quizás reste por decir que los *gananciales* son básicamente los bienes a que tiene derecho cada cónyuge descontado el pasivo de la sociedad conyugal.

A pesar de lo anterior el artículo 1° (enunciado inicial) de la Ley 28 de 1932[2] dispone que: *"Durante el matrimonio cada uno de los cónyuges tiene la libre administración y disposición de los bienes que le pertenezcan al momento de contraerse el matrimonio o que hubiere aportado a él, como de los demás que por cualquier causa hubiere adquirido o adquiera"*.

El mismo artículo, a renglón seguido (segundo enunciado) advierte: *"pero a la disolución del matrimonio o en cualquier otro evento en que conforme al Código Civil deba liquidarse la sociedad conyugal, se considerará que los cónyuges han tenido esta sociedad desde la celebración del matrimonio, y en consecuencia se procederá a su liquidación"*. En otros términos, establece que es solo a partir de la disolución de la *sociedad conyugal o de bienes* (una de cuyas causales es la disolución del matrimonio), que se forma la masa de bienes (sujeta a liquidación) y, por ende, es desde dicha disolución, no antes, que no puede ya ninguno de los cónyuges administrar y disponer libremente de los referidos activos.

Exceptuada la SC de 30 de abril de 1970[3] (sin descartar que

---

[2] *Sobre reformas civiles (Régimen Patrimonial en el Matrimonio)*.

[3] Citada por el magistrado Luis Armando Tolosa Villabona en los *salvamentos de voto* a las sentencias SC3864 de 7 de abril de 2015 (M. P. Fernando Giraldo

existan otras en el mismo sentido), según la cual *"La sociedad conyugal o sociedad de bienes entre cónyuges, nace simultáneamente con el vínculo indisoluble del matrimonio"*, el consignado en el párrafo precedente fue el sentido y alcance que durante un largo interregno le fijó la jurisprudencia de la CSJ, SC, a las normas precitadas[4]. Ello hasta el 18 de noviembre de 2016, fecha en que, como se verá más adelante, varió la mencionada doctrina.

Con soporte en la doctrina tradicional antedicha, se venía sosteniendo (salvo contados casos)[5], que:

i). (Sólo) disuelta la sociedad conyugal o instaurada y puesta en conocimiento del cónyuge encubridor demanda dirigida a

---

GUTIÉRREZ) y STC16790 de 18 de diciembre de 2015 (M. P. Margarita CABELLO BLANCO).

[4] SC de 4 de octubre de 1982, 15 de septiembre de 1993 (exp. 127), SC168 de 5 de septiembre de 2001 (exp. 5868, M. P. José Fernando RAMÍREZ GÓMEZ), 30 oct. de 1998 (exp. 4920), 16 de diciembre de 2003, 30 de octubre de 2007 (rad. 2001-0200-01), SC4809 de 2014, SC1197 de 29 de agosto de 2016, entre otras.

También las sentencias T-325 de 1998 y T-1243 de 2001, citadas por el magistrado TOLOSA VILLABONA en el *salvamento de voto* a la STC17690 de 18 de diciembre de 2015 (M. P. Margarita CABELLO BLANCO).

[5] Al respecto las SC de 17 de marzo de 1955 (M. P. Julio PARDO ÁVILA) y 8 de junio de 1967 (G. J. CXIX, p. 149, M. P. Flavio CABRERA DUSSÁN), citadas por el magistrado Luis Armando TOLOSA VILLABONA en el *salvamento de voto* a la STC17690 de 18 de diciembre de 2015 (M. P. Margarita CABELLO BLANCO). La de 17 de marzo de 1955 es también citada en la SC16280 de 18 de noviembre de 2016, M. P. Ariel SALAZAR RAMÍREZ). Y la de 8 de junio de 1967 aparece en igual forma citada en la SC1589 de 10 de agosto de 2020, M. P. Ariel SALAZAR RAMÍREZ.

tal propósito (no antes), quedaba, el cónyuge no contratante, legitimado para demandar los contratos simulados celebrados por el primero[6].

ii). Ni tan siquiera la presentación de la demanda de separación de bienes otorgaba interés legítimo para demandar la simulación de los actos celebrados durante la vigencia del matrimonio (para que procediere la acción de prevalencia era menester la notificación del auto admisorio de la demanda de separación de bienes al cónyuge encubridor)[7].

En *salvamento de voto* a la SC3864 de 7 de abril de 2015, en nota de pie de página, el Dr. TOLOSA VILLABONA dejó consignado que la SC de 4 de octubre de 1982, publicada en Gaceta Judicial, Tomo 165 de 1982, N° 2406, pág. 211-218, *"reitera en un todo la doctrina de la misma Corte expuestas en las providencias del 17 de diciembre de 1931, 29 de marzo de 1939, 17 de marzo de 1955, 29 de febrero de 1926, 8 de junio de 1967 y 20 de noviembre de 1979, que poco a poco ampliaron la legitimación de un cónyuge para demandar la simulación de los actos celebrados por el otro cónyuge sobre bienes adquiridos a título oneroso, durante el matrimonio, cuando la demanda de simulación es posterior a la existencia de un juicio de separación de bienes, de cuerpos, divorcio o nulidad de matrimonio, caso contrario, carecería de interés, para oponerse a los actos ficticios que pretenden sustraer bienes sociales de la liquidación por carencia de perjuicio actual (no eventual), y cierto (no hipotético), al no poderse reclamar el derecho de futuro"*.

[6] Sobre el particular pueden consultarse, entre muchas otras, las SC de 20 de octubre de 1937, 18 de abril de 1939, 7 de septiembre de 1942 (G.J. LIV, p. 42), 7 de septiembre de 1953 (G.J. LXXVI, p. 274), 4 de octubre de 1982, 15 de septiembre de 1993 (radicación 3587), 5 de septiembre de 2001 (radicación 5868), 16 de diciembre de 2003, 19 de mayo de 2002, 19 de mayo de 2004 (radicación 7145), 30 de octubre de 2007, 13 de octubre de 2011, 3864 de 7 de abril de 2015 (en la cual se citan la mayoría de las anteriores) y 29 de agosto de 2016.

[7] Mismas sentencias citadas en el pie de página precedente.

iii). La sociedad conyugal o de bienes surtía efectos al momento de su disolución (o de demanda dirigida a tal propósito), no antes[8].

---

[8] Ídem.

Capítulo II

Variación de la jurisprudencia
(Sentencia SC16280 de 18 de noviembre de 2016)

La precitada línea jurisprudencial, como se anticipó ya, varió a partir de la sentencia SC16280 de 18 de noviembre de 2016 (M. P. Ariel Salazar Ramírez)[9], en la que se precisó:

> «... *carece de soporte jurídico afirmar que la sociedad conyugal 'nace para morir', o que durante el matrimonio cada cónyuge es dueño de los bienes que adquiere y, por tanto, no se genera un patrimonio común sino que, 'por una ficción de la ley', se considera que la sociedad surgió desde la celebración del matrimonio para los precisos efectos de su liquidación, siendo este último momento el que origina el interés jurídico que pueda tener la*

---

[9] En similar sentido se pronunció la CSJ, SC, en sentencia SC5233 de 3 de diciembre de 2019 (M. P. Ariel Salazar Ramírez), la que fue declarada nula mediante auto AC054-2021 de 21 de enero de 2021, por *falta de competencia funcional* (antes de la fecha de la sentencia la parte impugnante en casación había desistido del recurso).

Es de acotar que el ponente del auto AC054-2021 precitado fue el magistrado Luis Armando Tolosa Villabona habida consideración que para la fecha en que fue emitido se hallaba acéfalo el Despacho del magistrado Salazar Ramírez (por culminación del período constitucional para el cual fue elegido).

Puede consultarse también la sentencia SC2130 de 5 de mayo de 2021 (M. P. Álvaro Fernando García Restrepo).

parte afectada o defraudada con la desaparición de los bienes comunes.

Es por eso que todo lo que ocurra con las asignaciones que corresponderían a cada uno de los cónyuges, desde que inicia la vigencia de la sociedad conyugal hasta su liquidación, confiere interés jurídico para obrar al contrayente afectado o defraudado con la desaparición de los bienes comunes, para que busque hacer prevalecer la verdadera conformación del haber social.

No puede confundirse el momento de la formación de la sociedad conyugal con el de la 'exigibilidad de la adjudicación de la cuota de gananciales'. Una cosa es que la sociedad conyugal nazca con el matrimonio, empezándose a conformar un patrimonio común, y otra distinta que durante su vigencia el cónyuge a cuyo nombre se encuentran los bienes actúe -para los efectos de administración y gestión de los bienes gananciales- 'como si tuviera patrimonio separado', quedando aplazada la exigibilidad de los derechos del otro cónyuge hasta el momento de la liquidación.

El artículo 1º de la Ley 28 de 1932 confirma lo anterior cuando señala que durante el matrimonio cada uno de los cónyuges tiene la libre administración y disposición 'de los bienes que le pertenezcan' (es decir los propios), así como de los demás que por cualquier causa 'hubiere adquirido o adquiera' (esto es los de la comunidad que estén a su nombre), lo que significa que desde la celebración del matrimonio se forma un patrimonio social distinto al de cada uno de los cónyuges. Sobre los bienes que hacen parte del patrimonio común, el contrayente que los detenta a su nombre ejerce tanto su facultad de disposición como la representación de los intereses del otro, por lo que tiene la obligación de responderle, en su momento, por la gestión que adelantó por separado.

Y no es atinado sostener que, como consecuencia de la disolución, se produce automáticamente una transferencia del dominio a la 'sociedad conyugal' de los efectos que la integran, puesto que lo que surge es una obligación recíproca de conservar el statu quo respecto de los bienes involucrados en la repartición, pero conservando la libertad de disponer de los que le son ajenos.

El que al momento de la liquidación se entienda 'que los cónyuges han tenido esta sociedad desde la celebración del matrimonio', es sustancialmente distinto a considerar que sólo cuando se dan los presupuestos para llevarla a cabo, esta surge a la vida para extinguirse.

La sociedad conyugal nace con el matrimonio y permanece con él, y desde ese momento se crea el patrimonio común. Por ello, el cónyuge que no tiene la libre disposición y administración de un bien ganancial está legitimado y le asiste interés para reclamar la protección del patrimonio de la sociedad por medio de las acciones judiciales correspondientes, cuando su derecho ha sido vulnerado o se ha visto inminentemente amenazado.

Concuerda con lo expuesto el artículo 180 del Código Civil, según el cual 'por el hecho del matrimonio se contrae sociedad de bienes entre los cónyuges, según las reglas del Título 22, Libro IV, del Código Civil' y el inciso segundo del artículo 1777 ibídem cuando expresa que '[n]o se podrá pactar que la sociedad conyugal tenga principio antes o después de contraerse el matrimonio; toda estipulación en contrario es nula'.

Si no está permitido pactar que la sociedad conyugal comience en un momento distinto al matrimonio, mucho menos es aceptable hacer tal suposición en virtud de una 'ficción', como si surgiera de la nada, pasando a figurar de un momento a otro con unas partidas que no ha adquirido y unas deudas que jamás contrajo.

De ahí que la finalidad práctica del artículo 1º de la Ley 28 de 1932, fuera de equiparar la situación de quienes optaron por unir formalmente sus vidas, era evitar las dificultades que una doble comparecencia en trámites dispositivos conllevaría, y la posible renuencia de terceros de buena fe a realizarlos sin el consentimiento de ambos".

1. LIBRE ADMINISTRACIÓN Y DISPOSICIÓN DE BIENES SOCIALES

(SIEMPRE QUE TENGA POR OBJETO AUMENTAR GANANCIALES Y FACILITAR TRANSACCIONES Y NO DISIPAR EL PATRIMONIO O COMETER FRAUDES)

En la misma sentencia SC16280, a renglón seguido se señaló:

"Ahora bien, la potestad conferida por la normatividad para administrar y disponer sin restricciones de los bienes comunes por quien detenta la calidad de dueño, es con el ánimo de aumentar los gananciales y facilitar transacciones, mas no para agotar o disipar el patrimonio, ni mucho menos para cometer fraudes.

Luego, el cónyuge afectado con la venta de los bienes gananciales está legitimado y tiene interés para demandar la simulación desde el momento mismo que llega a conocer que los derechos patrimoniales de la sociedad han sido vulnerados o se encuentran en grave, serio e inminente peligro, lo que puede acontecer incluso en la etapa de liquidación de la sociedad conyugal.

Es esa la razón de ser de las cautelas de embargo y secuestro de que tratan los artículos 201 del Código Civil y 691 del Código de Procedimiento Civil, en los asuntos de 'nulidad y divorcio de matrimonio civil, de separación de bienes y de liquidación de sociedades conyugales', cuyo fin es el de asegurar a la parte que no aparece como dueña, el respeto de los derechos que tiene en los bienes sociales.

Tales medidas de protección evidencian que, aún después de disuelta la sociedad conyugal y hasta que se inscriba la correspondiente adjudicación de bienes, es posible el otorgamiento de instrumentos públicos o privados, ya con el propósito de disminuir el haber o de ocultar activos mediante actos simulados, lesivos a su contraparte.

Redunda en lo anterior el que, como señala el artículo 765 del Código Civil el dominio de los inmuebles se adquiere mediante un título traslaticio y tienen tal connotación las 'sentencias de adjudicación en juicios divisorios y los actos legales de partición', pero 'las sentencias judiciales sobre derechos litigiosos no forman nuevo título para legitimar la posesión'.

Aplicables a la división de bienes sociales las reglas herenciales, como dispone el artículo 1836 ejusdem, no puede pasarse por alto que es una vez efectuado el trabajo de partición que 'se entregarán a los partícipes los títulos particulares de los objetos que les hubieren cabido' y cada asignatario «se reputará haber sucedido inmediatamente y exclusivamente» al anterior titular, de modo que operaría la 'venta de cosa ajena' en el evento de que uno de los asignatarios haya vendido una cosa adjudicada al otro, de conformidad con los artículos 1400 y 1401 ibídem.

Quiere decir que la sola 'disolución de la sociedad conyugal' no tiene el mérito suficiente de imposibilitar la consolidación de 'negociaciones aparentes', puesto que aún si los bienes sobre los cuales recaen, conforman el acervo partible, estos siguen a nombre de quien venían figurando, con el riesgo de que los transfiera, ya sea real o fingidamente en el entretanto, acto que puede ser rebatido por el cónyuge afectado, por medio de las acciones judiciales correspondientes, entre ellas la de prevalencia, dado que, contrario a lo que expuso el recurrente, aquellos sí pueden ser simulados.

En ese sentido, esta Corporación sostuvo que el hecho de contraer nupcias «impone a los cónyuges deberes y obligaciones que deben cumplirse durante su existencia y aun disuelta y liquidada la sociedad conyugal, y esos deberes y obligaciones no han sido desconocidos por la Ley 28 de 1932, que dio a la mujer casada su plena capacidad jurídica para administrar y disponer libremente de sus bienes, sustrayéndola en esto a la potestad del marido, pero dicha ley no terminó con la sociedad conyugal que se forma por el hecho del matrimonio y que adquiere su plena fuerza en el momento de la liquidación. (...) Pero la ley no puede entenderse en el sentido de que esa libertad de administración y de disposición otorgada a cada uno de los cónyuges sea tan absoluta que excluya todo recurso o acción defensiva contra una mala administración» (CSJ SC, 17 Mar. 1955)".

2. LEGITIMACIÓN PARA DEMANDAR ACTOS SIMULADOS

En la misma providencia se acotó:

"Agregó dicho pronunciamiento que 'cuando por parte del cónyuge demandado se pretende sustraer a tales efectos y a la consiguiente liquidación determinados bienes, el actor tiene interés jurídico actual en que las medidas preventivas comprendan todos los bienes que no hayan salido realmente del activo que cada cónyuge administra separadamente, descorriendo el velo tendido por un acto simplemente aparente, para que su derecho no se frustre'.

La enajenación por uno de los cónyuges de un bien que tiene la condición de social, puede dar lugar a una venta de cosa ajena siempre que aquel acto sea real y no fingido; empero, si ocurre lo último, dicho negocio jurídico puede cuestionarse por vía de la acción de prevalencia.

Si no existió la alegada imposibilidad jurídica de que las ventas mencionadas en el cargo fueran simuladas y por el contrario eran susceptibles del alegado fingimiento, es claro que el sentenciador de segunda instancia no incurrió en la violación directa, por indebida aplicación, de los artículos 1766 y 1824 del Código Civil, ni de los artículos 1871 y 1875 de esa misma codificación por falta de aplicación, dado que era el primer precepto el que estaba llamado a regir la resolución de lo controvertido y eso excluye la aplicación de los últimos".

Capítulo III

Antecedentes de la nueva postura de la Corte

La nueva postura jurisprudencial se originó en continuados y reiterados salvamentos de voto a la línea tradicional registrados por lo magistrados Luis Armando Tolosa Villabona y Ariel Salazar Ramírez[10].

Los nombrados togados venían –vía salvamento de voto, se itera– enarbolando la tesis según la cual la legitimación para demandar en acción de prevalencia los actos jurídicos simulados celebrados por uno de los esposos o compañeros permanentes la tiene el otro consorte en vigencia de la sociedad conyugal o patrimonial sin que sea menester la disolución de la misma o la instauración de demanda encaminada a tal propósito.

Al respecto, el doctor Tolosa Villabona, en salvamento de voto a la SC 11997-2016 de 29 de agosto de 2016, sostuvo, con

---

[10] Al respecto pueden consultarse los salvamentos de voto consignados en las sentencias SC110003 de 20 de agosto de 2014 (M. P. Margarita Cabello Blanco), SC3864 de 7 de abril de 2015 (M. P. Fernando Giraldo Gutiérrez), STC17690 de 18 de diciembre de 2015 (M. P. Margarita Cabello Blanco), y SC11997 de 29 de agosto de 2016 (M. P. Fernando Giraldo Gutiérrez).

apoyo en el artículo 113 del Código Civil (que reza *"El matrimonio es un contrato solemne por el cual un hombre y una mujer se unen con el fin de vivir juntos, de procrear y auxiliarse mutuamente"*)[11], que en cuanto no existe en el régimen jurídico patrio una norma constitucional o legal que lo prohíba, el socio afectado tiene legitimación para demandar en vigencia de la sociedad conyugal o patrimonial los actos simulados celebrados por el otro socio o consorte sobre bienes adquiridos en vigencia del vínculo matrimonial. Añadió que de no ser así los cónyuges quedarían impedidos para asumir *"Los gastos de crianza, educación y establecimiento de los hijos legítimos"* a que se refiere el artículo 257 ibídem.

Expuso que la legitimación por él abogada concuerda con: i) el derogado artículo 532 del Código Civil, que preveía que *"(...) el juicio de interdicción* [por disipación] *pod*[ría] *ser provocado por el cónyuge no divorciado del supuesto disipador (...)"*; ii) el artículo 32 de la Ley 1306 de 2009[12] –hoy también derogado[13]–, que le confería al cónyuge o compañero permanente del supuesto dilapidador de bienes

---

[11] Según la jurisprudencia constitucional (SU 1214 de 2016 entre otras), la celebración del matrimonio contrato civil entre personas del mismo sexo es una materia legítima y válida de materializar los principios y valores constitucionales y una forma de asegurar el goce efectivo del derecho a la dignidad humana, la libertad individual y la igualdad, sin importar cuál sea su orientación sexual o identidad de género.

[12] *Por la cual se dictan normas para la Protección de Personas con Discapacidad Mental y se establece el Régimen de la Representación Legal de Incapaces Emancipados.*

[13] El artículo 32 de la Ley 1306 de 2009 fue derogado por el artículo 61 de la Ley 1996 de 2019 (*Por medio de la cual se establece el régimen para el ejercicio de la capacidad legal de las personas con discapacidad mayores de edad*).

legitimación para promover, durante la vigencia del matrimonio, proceso de interdicción por disipación sin que fuere exigible la disolución del vínculo o de la sociedad conyugal o patrimonial de hecho; iii) el artículo 5 de la Ley 294 de 1996[14], que le prohíbe al integrante del grupo familiar agresor de otro u otros de sus miembros *"la realización de cualquier acto de enajenación o gravamen de bienes de su propiedad sujetos a registro, si tuviere sociedad conyugal o patrimonial vigente"*[15]; y iv) la Ley 258 de 1996[16], que entiende afectado a vivienda familiar el inmueble adquirido por uno o ambos cónyuges destinado a la habitación de la familia.

Estimó, además, que la posición de la Sala mayoritaria *"da la espalda a los más caros valores y principios profesados por el Constituyente de 1991"*.

---

[14] *Por la cual se desarrolla el artículo 42 de la Constitución Política y se dictan normas para prevenir, remediar y sancionar la violencia intrafamiliar.*

[15] En tratándose de violencia intrafamiliar, la CSJ, SL, con fundamento en el artículo 13 de la Ley 797 de 2003 (*Por la cual se reforman algunas disposiciones del sistema general de pensiones previsto en la Ley 100 de 1993 y se adoptan disposiciones sobre los Regímenes Pensionales exceptuados y especiales*), ha venido reconociendo pensión de sobreviviente al (a la) cónyuge o compañero(a) permanente víctima de violencia intrafamiliar aunque esté separado de hecho del causante durante los últimos años de vida. Sobre el particular puede consultarse, entre otras, la SL 2010 de 5 de junio de 2019, CSJ radicación 45045 (M. P. Dr. Rigoberto Echeverri Bueno).

[16] *Por la cual se establece la afectación a vivienda familiar y se dictan otras disposiciones.* El artículo 1° de la Ley 258 de 1996, modificado por el artículo 1° de la Ley 854 de 2003, reza: *"Entiéndese afectado a vivienda familiar el bien inmueble adquirido en su totalidad por uno o ambos cónyuges, antes o después de la celebración del matrimonio destinado a la habitación de la familia.*

Por su parte, el doctor S<small>ALAZAR</small> R<small>AMÍREZ</small>, en salvamento de voto a la misma providencia señaló:

"dentro de los legitimados para demandar la simulación se encuentran los cesionarios, los herederos o causahabientes a título universal o singular y también los deudores solidarios o de obligación con objeto indivisible, los coherederos, los comuneros, los titulares de derechos reales principales cuando la propiedad se halla desmembrada, <u>el cónyuge o compañero permanente respecto a bienes sociales</u> [se subraya], *el adquirente de cosa litigiosa y el propietario del bien gravado con garantía real".*

Y líneas más adelante agregó:

"desde la celebración de las nupcias se forma un patrimonio social distinto al de cada uno de los esposos, respecto del cual el cónyuge que detenta bienes a su nombre ejerce tanto su facultad de disposición como la representación de los intereses de su pareja, y por eso debe responder ante ésta por la mala gestión que haga de los mismos.

Asumir, entonces, que la facultad de disposición del cónyuge sobre los bienes gananciales de los que sea propietario es absoluta, resulta completamente errado, porque tal potestad es una medida para colocar en un plano de igualdad material los derechos de los consortes y su capacidad de administración y disposición del patrimonio familiar, pero jamás una especie de régimen de separación de bienes sin responsabilidad frente al cónyuge defraudado.

Es cierto que durante la vigencia de la sociedad conyugal cada esposo puede disponer de los bienes comunes que están a su nombre, tal como lo indica la decisión mayoritaria, pero esa potestad es para percibir o aumentar los gananciales y para facilitar las operaciones negociales sobre los mismos, es decir para incrementar el patrimonio social, pero no para agotarlo o disiparlo; ni mucho menos para defraudar los intereses de su pareja.

Por eso, el cónyuge que no tiene la libre disposición y administración de un bien ganancial está legitimado y le asiste interés para reclamar la protección del haber social por medio de las acciones judiciales correspondientes, cuando su derecho ha sido vulnerado o se ha visto inminentemente amenazado, aún si tal hecho ocurre antes de disolverse la sociedad.

El defraudado, en mi criterio, tiene legitimación e interés para ejercer su defensa desde el momento mismo que llega a conocer que los derechos patrimoniales de la sociedad conyugal han sido vulnerados o se encuentran en grave, serio e inminente peligro, y si fallece antes de acudir a la jurisdicción, el derecho de incoarla se transmite a sus herederos, quienes están legitimados para representar a la persona del difunto por la sola condición de causahabiente a título universal del de cujus".

En síntesis, y conforme a los aludidos salvamentos de voto, era controvertible que mientras no estuviere disuelta la sociedad conyugal, o instaurada demanda dirigida a tal propósito, no pudiere el cónyuge o compañero permanente del fingidor demandar los actos simulados celebrados por este último en perjuicio de aquel.

Capítulo IV

Armonización de las dos corrientes interpretativas

Dicha nueva doctrina de la CSJ no impide que los cónyuges o compañeros permanentes puedan continuar administrando y disponiendo libremente de los bienes adquiridos durante la vigencia de la sociedad conyugal o patrimonial. Tanto es así que promueve la administración y disposición responsable de los bienes sociales o patrimoniales.

Se suma a lo anterior que ambos cuerpos o conjuntos normativos continúan vigentes, aunque sus sentidos y alcances sean diferentes. Los artículos 180, 1774 y 1777 –inciso 2°– del Código Civil son normas de carácter general y anteriores en el tiempo, que señalan que *la sociedad conyugal surge por el hecho del matrimonio*; en tanto que el artículo 1° de la Ley 28 de 1932 es norma de carácter especial y posterior en el tiempo respecto de las antes mencionadas[17], que *para efectos de la libre administración y*

---

[17] Con arreglo al artículo 5 (numeral 1) de la Ley 57 de 1887 (sobre hermenéutica interpretativa), *"La disposición relativa a un asunto especial prefiere a la que tenga carácter general"*. De igual manera, en caso de incompatibilidad entre normas de una misma especialidad o generalidad, prevalece la disposición posterior (numeral 2 ibídem).

disposición de bienes aportados al matrimonio y los adquiridos en vigencia de la relación, entiende que la sociedad conyugal surge al momento de su disolución.

Que lo anterior es así lo corrobora la siguiente disertación esbozada por el propio magistrado TOLOSA VILLABONA en el *salvamento de voto* a la SC3864 de 7 de abril de 2015:

"(...)

Ahora, cuando se postula la existencia de sociedad conyugal desde el momento del matrimonio mismo, y la legitimación para demandar los actos simulados ejecutados por cualquiera de los consortes desde ese instante, no significa someter a urgente e incondicional autorización "in toto" o a algo similar, el ejercicio de la actividad dispositiva de los cónyuges, porque ello sería obtuso y anacrónico; y ello no es lo que se pretende prohijar con este salvamento. De ser así, simplemente se impondría un cerrojo en la actuación económico-administrativa y dispositiva de los cónyuges o compañeros, y ello se erigiría en traba odiosa para el tráfico negocial en la sociedad democrática actual, bastión de las libertades. No. La legitimación es para impugnar exclusivamente los actos irreales o fingidos, celebrados fictamente por uno de los cónyuges o compañeros para defraudar el patrimonio social, desbordando las fronteras de una administración responsable". (Precisión reiterada por el mismo magistrado en el salvamento de voto a la STC16790 de 15 de diciembre de 2015).

De lo discurrido se colige que la regla de excepción (o mejor de ficción), inherente a la *libre administración y disposición de bienes aportados al matrimonio o adquiridos en vigencia de la relación*, confirma la pervivencia de las normas generales atinentes a la *existencia de la sociedad conyugal desde el momento del matrimonio*.

Es por lo antedicho (existencia de la sociedad conyugal desde el momento del matrimonio), que el cónyuge no contratante se encuentra legitimado para demandar: i) en acción de prevalencia, los actos simulados perjudiciales celebrados por el otro cónyuge[18]; ii) la nulidad de las donaciones sin insinuación notarial que excedan los 50 salarios mínimos legales mensuales vigentes (smlmv)[19], y iii) la interdicción contra el cónyuge o compañero permanente disipador de bienes sociales o patrimoniales[20].

---

[18] Al respecto pueden consultarse las SC de 17 de marzo de 1955, 8 de junio de 1967 (G. J. LXXIX), y SC16280 de 18 de noviembre de 2016.

[19] Artículos 1458 y 1741 del Código Civil, y sentencias SC de 16 de diciembre de 2003 y 8837 de 19 de marzo de 2019 (M. P. Dr. Octavio Augusto TEJEIRO DUQUE).

[20] Artículo 31, Ley 1309 de 2009.

Y es también por las anotadas razones que el agresor de uno o varios miembros del grupo familiar del que hace parte tiene prohibida *"la realización de cualquier acto de enajenación o gravamen de bienes de su propiedad sujetos a registro, si tuviere sociedad conyugal o patrimonial vigente"* (artículo 5 de la Ley 294 de 1996).

CAPÍTULO V

FUNDAMENTOS DE LA PERVIVENCIA DEL ARTÍCULO 1° DE LA LEY 28 DE 1932

Fundamentos de la pervivencia del artículo 1° de la Ley 28 de 1932, con sujeción al cual, para efectos de la libre administración y disposición de bienes adquiridos por los esposos durante el matrimonio, se entiende –vía ficción legal– que la sociedad conyugal surge al momento de su disolución, son los siguientes:

1. LA PROPIA SENTENCIA SC16280 DE 18 DE NOVIEMBRE DE 2016

La propia sentencia SC16280 de 18 de noviembre de 2016 (que reformó la línea jurisprudencial varias veces referida), en el aparte que promueve la equiparación de quienes optan por unir formalmente sus vidas. Y también en el aparte que propende por *"evitar las dificultades que una doble comparecencia* [entiéndase de ambos cónyuges] *en trámites dispositivos conllevaría, y la posible renuencia de terceros de buena fe a realizarlos sin el consentimiento de ambos".*

2. LA SUPERACIÓN DE LA ÉPOCA DE LA LIBRE ADMINISTRACIÓN DE LOS BIENES SOCIALES POR PARTE DEL MARIDO

Antes de la Ley 28 de 1932 regía, entre otras normas afines, el artículo 1806 del Código Civil[21], que establecía: *"El marido es, respecto de terceros, dueño de los bienes sociales, como si ellos y sus bienes propios formasen un solo patrimonio"*. En tal forma, los bienes que la mujer hubiere adquirido a título oneroso durante el matrimonio, eran libremente administrados y enajenados por el marido, como lo eran los adquiridos por éste.

Fue a partir de la entrada en vigor de la ley en mención que la mujer pudo –por fin– administrar y disponer –ella misma– de los bienes que hubiere adquirido durante el matrimonio.

En la anterior forma y con la promulgación de la Ley 28 de 1932, desapareció el sometimiento de la mujer al marido respecto de la administración y enajenación del referido tipo de bienes, quedando por tanto ambos consortes en el **mismo plano de igualdad en**

---

[21] Los artículos 1805 a 1813 del Código Civil (sobre administración ordinaria de los bienes de la sociedad conyugal), fueron derogados, de manera tácita, por la Ley 28 de 1932.

punto a la administración y disposición de los bienes propios y de los adquiridos durante el matrimonio.

Se extrae de lo anterior –fácil es entenderlo– que la ley citada constituyó una férrea conquista de la mujer en torno a la libre administración y disposición de sus propios bienes.

3. LA EXISTENCIA DE NORMAS DE EXCEPCIÓN QUE PROPENDEN POR LA PROTECCIÓN DEL PATRIMONIO DE LA SOCIEDAD CONYUGAL O PATRIMONIAL

En esa misma dirección (igualdad entre los miembros de la relación en punto a la administración y disposición de bienes) han venido siendo expedidas normas de excepción que propenden –en igual forma– por la protección del patrimonio de la sociedad conyugal (incluso por la protección del patrimonio de la unión marital de hecho). Entre las aludidas normas la Ley 258 de 1996, el artículo 5 de la Ley 294 de 1996 y el hoy derogado artículo 32 de la Ley 1306 de 2009, citados por el doctor TOLOSA VILLABONA en los salvamentos de voto aquí reseñados.

Tales normas de excepción, como especiales que son, confirman la regla –también de excepción– según la cual cada uno de los cónyuges es libre de administrar y disponer de los bienes que le pertenezcan al momento de casarse, de los que hubiere aportado al matrimonio, y de los que por cualquier causa hubiere adquirido o adquiera en vigencia del vínculo.

Cabe agregar, a la par de resaltar, que, si con arreglo al artículo 1° de la Ley 258 de 1996, reformado por el artículo 1° de la Ley 854 de 2003[22], se entiende *"afectado a vivienda familiar el bien inmueble adquirido en su totalidad por uno o ambos cónyuges, antes o después de la celebración del matrimonio destinado a la habitación de la familia"*, a *contrario sensu* no se entiende afectado a vivienda familiar el bien inmueble adquirido en su totalidad por uno o ambos cónyuges, sea antes de la celebración del matrimonio, sea después, no destinado a la habitación de la familia.

El anterior aserto corrobora la regla consignada en el artículo 1° (enunciado inicial) de la Ley 28 de 1932, según el cual *"Durante el matrimonio cada uno de los cónyuges tiene la libre administración y disposición de los bienes que le pertenezcan al momento de contraerse el matrimonio o que hubiere aportado a él, como de los demás que por cualquier causa hubiere adquirido o adquiera (...)"*.

---

[22] *Por medio de la cual se modifica el artículo 1o y el parágrafo 2o del artículo 4o de la Ley 258 de 1996, a fin de dar protección integral a la familia.*

4. LA VALIDEZ DE LA COMPRAVENTA Y DE TODO CONTRATO RELATIVO A INMUEBLES PERFECCIONADO ENTRE CÓNYUGES NO DIVORCIADOS

Otras normas de excepción (que reafirman la regla consignada en el enunciado inicial del artículo 1° de la Ley 28 de 1932), son los artículos 1852 del Código Civil, 3 de la Ley 28 de 1932 y 906, numeral 1, del Código de Comercio, a partir de la sentencia C-068 de 1999 que declaró inexequibles las expresiones *"entre cónyuge no divorciados y"*, *"son nulos absolutamente entre cónyuges ... los contratos relativos a inmuebles"* y *"los cónyuges no divorciados, ni"* contenidas, respectivamente, en las susodichas normas.

Desde que comenzó a regir la aludida sentencia, proferida – dicho sea de paso– en el marco del ordenamiento jurídico regulado por la Constitución Política de 1991 y con sustento, además (para emplear los mismos términos acuñados por el respetado doctor TOLOSA VILLABONA) en *"los más caros valores y principios"* en ella profesados, es plenamente válida la compraventa y todo contrato relativo a inmuebles perfeccionado entre cónyuges no divorciados.

Se dijo en la citada sentencia que:

"(…) si conforme al artículo 42 de la Constitución Nacional se consagra 'la igualdad de derechos y deberes de la pareja', resulta obvio que no podría tener existencia en nuestro régimen jurídico de hoy la potestad marital, la cual, como se sabe, aún antes de promulgada la Constitución de 1991, fue abolida en nuestro ordenamiento positivo en cuanto hace a los bienes de la mujer, por la Ley 28 de 1932 que le dio plena capacidad civil para disponer y administrar los de su propiedad, sin limitación de ninguna especie; y, en cuanto hace a la persona de la mujer casada, el Decreto 2820 de 1974, estableció que en las relaciones familiares ella se encuentra en pie de igualdad con el hombre".

De la simple lectura de la transcrita *ratio decidendi* de la sentencia, se colige que entretanto no esté disuelta la sociedad conyugal los esposos son (considerados) condignos dueños de los bienes por ellos adquiridos a título oneroso durante el matrimonio. Ello explica que tradicionalmente, y con mayor razón a partir de la sentencia C-068 de 1999, la jurisprudencia continuada de la CSJ, SC, haya entendido —quizás mediante ficción— que el sentido y alcance de los artículos 180, 1774 y 1777 (inciso 2°) del Código Civil, en concordancia con el artículo 1° de la Ley 28 de 1932, es el de que la *sociedad conyugal o de bienes,* en lo que a sus efectos concierne, surja —apenas— cuando se disuelve, no antes.

Es de enfatizar que con antelación a la sentencia C-068 de 1999 (entiéndase antes de que fueran declarados inexequibles los artículos 1852 del Código Civil, 906 del Código de Comercio y 3 de la Ley 28 de 1932 en los apartes que sancionaban con nulidad absoluta el contrato de compraventa, las donaciones y los contratos relativos a inmuebles entre cónyuges no divorciados), no podía siquiera el marido (que ha sido tradicionalmente la parte dominante en la relación matrimonial) transferirle bienes inmuebles a la mujer. Ésta (y también el marido), hoy en día, merced a la inexequibilidad de las expresiones mencionadas, cuentan con amplia libertad para hacerlo.

Al respecto, es preciso decir que cuando se piensa (o se escribe, o se lee) en (o sobre) negocios fraguados por uno de los cónyuges o compañeros permanentes en detrimento de los intereses del otro cónyuge o compañero permanente, suele tenerse la equivocada creencia de que la perjudicada con tal tipo de operaciones es siempre la mujer (o el sujeto suave, débil o delicado de la relación), a pesar de que la realidad práctica demuestra que bien puede serlo en igual forma el hombre (o el sujeto fuerte de la relación).

Tal vez, si se hiciera el ejercicio de imaginar que ese tipo de actuaciones (negociaciones fraudulentas) puede ser orquestado también por la mujer (entiéndase esposa o compañera permanente), como ciertamente suele ocurrir (y quizás cada vez con mayor frecuencia, si se atiende la evolucionada y progresiva independencia y autosuficiencia de la mujer)[23], en perjuicio de su consorte o compañero, se entendería mejor –y admitiría por ende– lo atinente a la libre administración y disposición de bienes adquiridos por los esposos o compañeros permanentes durante la relación matrimonial o marital.

En breves palabras, así como el solvente puede ser el marido, puede serlo la mujer. Y fue ciertamente previendo tal contingencia (entre otras) que la Ley 28 de 1932 le confirió plena capacidad civil a la mujer para administrar y disponer de los bienes propios. En esa misma dirección, varias décadas después, el Decreto 2820 de 1974 estableció que en las relaciones familiares la mujer se encuentra en pie de igualdad con el hombre.

No en vano, desde tiempo atrás, es posible que antes del matrimonio los esposos en ciernes celebren convenciones *"relativas a los bienes que aportan a él, y a las donaciones y concesiones que se quieran hacer el uno al otro, de presente o futuro"* (artículo 1771 del

---

[23] Sobre presumible simulación de actos celebrados por la cónyuge versa la sentencia número 168 de 5 de septiembre de 2001 (M. P. José Fernando RAMÍREZ GÓMEZ).

Código Civil). Es lo que se conoce *"con el nombre de capitulaciones matrimoniales"* (ídem).

El mismo estatuto, en su artículo 1775 (reformado por el Decreto 2820 de 1974, sobre igualdad de derechos y obligaciones entre mujeres y varones), contempló además la facultad de *"renunciar a los gananciales que resulten a la disolución de la sociedad conyugal, sin perjuicio de terceros"*[24]. Tal renuncia, dicho sea de paso, es permitida en cuanto solo mire el interés individual del renunciante (artículo 15 ibídem). Incluso *"Los cónyuges incapaces y sus herederos en el mismo caso (...) podrán renunciar a los gananciales* [aunque] *con autorización judicial"* (inciso 1° del artículo 1837).

Es de observar que el artículo 1775 citado (versión hoy vigente), omitió referirse a en qué momento es viable la renuncia, lo que sí hacía la versión anterior. La norma reformada establecía que la mujer podía renunciar a sus gananciales *"antes del matrimonio o después de la disolución de la sociedad"*. A pesar de la omisión, es dable afirmar que se mantiene la potestad de renunciar a gananciales tanto antes del matrimonio como después de disuelta la sociedad conyugal

---

[24] A la protección de derechos de terceros se refieren las sentencias de 9 de abril de 1951, LXIX PP. 497-512 (M. P. Arturo SILVA REBOLLEDO); SC 014 de 4 de marzo de 1996, expediente 4751, G.J. CCXL-314 (M. P. Pedro LAFONT PIANETTA); 30 de enero de 2006, expediente 1995-29402-02 (M. P. Manuel Isidro ARDILA VELÁSQUEZ); y SC3727 de 5 de octubre de 2020, expediente 2013-00111-01 (M. P. Luis Armando TOLOSA VILLABONA).

(y antes de realizada la liquidación)[25]. Lo primero, en virtud de las concesiones *"de presente o futuro"* que por vía de capitulaciones patrimoniales pueden hacerse los contrayentes antes del matrimonio (artículo 1771). Y lo segundo, porque es de la esencia de la renuncia –ante todo para que se haga efectiva– la disolución de la sociedad conyugal.

Confirma lo antedicho que tan pronto se celebra el matrimonio pueden los cónyuges disolver la sociedad conyugal, que si lo disponen al comienzo de la relación coincidirá en el tiempo con la época del casorio y por esta vía con la de la oportunidad para celebrar capitulaciones matrimoniales (que aunque anteriores a la boda suelen ser cercanas a ésta). No se encuentra entonces objeción para que se manifieste la renuncia antes del matrimonio o, como es lo corriente, después de disuelta la sociedad conyugal y antes de que sea liquidada.

En fin y por todo lo antes expuesto, es cada vez más imperioso mantener –y admitir– la vigencia del artículo 1° de la Ley 28 de 1932 (según el cual durante el matrimonio cada uno de los cónyuges es libre de administrar y disponer de los bienes que le pertenezcan al momento de casarse, de los que hubiere aportado al matrimonio, y de los que por cualquier causa hubiere adquirido o adquiera en

---

[25] CSJ, SC3727 de 5 de octubre de 2020, expediente 2013-00111-01.

vigencia de la relación). Y con mayor razón si se tiene en cuenta que la experiencia práctica ha venido evidenciando el progresivo crecimiento, en términos números y de proporciones (la producción jurisprudencial es prueba de ello), de mujeres empoderadas (proactivas, emprendedoras, ejecutivas, o empresarias), que contribuyen al sostenimiento del hogar con el producto de sus esfuerzos y recursos propios, o adquiridos por ellas durante la relación matrimonial, y que atendida su condición de sujetos de especial protección son siempre merecedoras de (particular) tratamiento con *perspectiva de género*.

A propósito de la *perspectiva de género*, la Corte Constitucional, en sentencia T-338 de 2018 (existen otras en la misma dirección)[26], refiriéndose a los administradores de justicia, precisó:

"(...) En efecto, es necesario que dichas autoridades apliquen una perspectiva de género en el estudio de sus casos, que parta de las reglas constitucionales que prohíben la discriminación

---

[26] Pueden consultarse también: i) de la **Corte Constitucional**, la sentencia T-241 de 2016, la C-117 de 2018, la SU 201 de 2021; y ii) de la **Corte Suprema de Justicia, SC**, la SC 5183-2020 (M. P. Álvaro Fernando GARCÍA RESTREPO), la STC 15780 de 24 de nov. de 2021, la SC 3462-2021 (M. P. Luis Armando TOLOSA VILLABONA), la SC 5039-2021 (M. P. Luis Alonso RICO PUERTA), la SC 963-2022 (M. P. Luis Alonso RICO PUERTA), la SC 2719-2022 (M. P. Aroldo Wilson QUIROZ MONSALVO), y la SC 3771-2022 (M. P. Francisco TERNERA BARRIOS).

por razones de género, imponen igualdad material, exigen la protección de personas en situación de debilidad manifiesta y por consiguiente, buscan combatir la desigualdad histórica entre hombres y mujeres, de tal forma que se adopten las medidas adecuadas para frenar la vulneración de los derechos de las mujeres, teniendo en cuenta que sigue latente la discriminación en su contra en los diferentes espacios de la sociedad"[27].

4.1. Derecho a la igualdad y alineación con el derecho comparado // Posibilidad de demandar actos simulados realizados por uno de los cónyuges o compañeros permanentes

En la misma sentencia C-068 varias veces citada se precisó:

"(...) la nulidad que se predica en la norma acusada de los contratos de compra venta celebrados entre cónyuges no divorciados, que según algunos tendría como propósito preservar la unidad familiar, evitando los conflictos que podrían surgir entre ellos por la celebración de tales actos jurídicos, no comprendería a quienes se encuentran ligados, sin matrimonio,

---

[27] Plazas-Gómez C. V (ed). (2018) *Hacía la Construcción de una Política Fiscal con Enfoque de Género en Colombia, Perspectiva de género: reconocimiento de los derechos de la mujer, origen teórico y desarrollo lega,* Bogotá: Editorial Universidad del Rosario, Pág. 75-76.

por la decisión libre de un hombre y una mujer para fundar una familia, lo que significaría una desigualdad de trato para situaciones familiares similares, ya que el artículo 42 de la Constitución Nacional establece que la familia, como "núcleo fundamental de la sociedad", puede constituirse o en virtud del matrimonio o por la libre decisión de conformarla, aún sin contraerlo.

Siendo ello así, habrá de declararse la inexequibilidad parcial del artículo 1852 del Código Civil, así como, también de manera parcial la del artículo 3º de la Ley 28 de 1932 y la del artículo 906, numeral 1º del Código de Comercio, <u>sin que ello signifique que en casos de simulación o de fraude a terceros, estos o el otro contratante queden desprovistos de defensa de sus intereses legítimos, como quiera que podrán ejercer o la acción de simulación, o la acción pauliana, o, en general, cualquiera de los derechos auxiliares que la ley autoriza para los acreedores</u>, sin que en nada se afecten porque desaparezca la sanción de nulidad que en tales normas hoy se establece, tal como ocurre en el Código Civil del Perú (Decreto Legislativo No. 295 de 24 de julio de 1984, inspirado en el derecho alemán), así como en el Código Civil Español, cuyo artículo 1458, que contenía norma semejante al artículo 1852 del Código Civil Colombiano, fue modificada por la Ley 11 de 1981, que dispuso, de manera expresa que 'el marido y la mujer podrán venderse bienes recíprocamente', y, como se establece, también, en el Código Civil Italiano de 1942, que no contiene la incapacidad especial *de los cónyuges para celebrar la compraventa entre sí, lineamientos estos que se acogen en el Proyecto de Código de Derecho Privado elaborado por una comisión encabezada por el profesor Arturo Valencia Zea, publicado por la Superintendencia de Notariado y Registro, Bogotá, 1980".* (Subrayado fuera de texto).

Del transcrito aparte jurisprudencial se extrae: i) que la Corte Constitucional Colombiana optó por la protección del derecho a la igualdad y la alineación con el derecho comparado (Perú, Alemania, España e Italia) en punto a validez de la compraventa y de todo contrato relativo a inmuebles perfeccionado celebrados entre cónyuges no divorciados; y ii) que son demandables, entre otros, los actos simulados realizados por cualquiera de los cónyuges o compañeros permanentes.

5. LA AUTORIZACIÓN PARA DONAR

"La donación entre vivos –reza el artículo 1443 del Código Civil– *es un acto por el cual una persona transfiere, gratuita e irrevocablemente, una parte de sus bienes a otra persona que la acepta".* Y agrega el artículo 1444 ibídem que *"Es hábil para donar entre vivos toda persona que la ley no haya declarado inhábil".*

Tal tipo de negocio jurídico (la donación entre vivos) para que sea válido, requiere *insinuación*, que consiste en una actuación por la cual el notario autoriza, mediante escritura pública, la transferencia de bienes *"siempre que donante y donatario sean plenamente capaces, lo soliciten de común acuerdo y no se contravenga ninguna disposición legal"* (inciso 1° del artículo 1458, mismo código). Empero, *"no requieren insinuación"* –acota el inciso 2° del susodicho artículo 1458– *"(L)as donaciones cuyo valor sea igual o inferior a cincuenta (50) salarios mínimos mensuales"*[28].

Complementa el artículo 3 del Decreto-Ley 1712 de 1989[29] que, de ser ineludible la insinuación, *"La escritura pública correspondiente –además de los requisitos que le son propios y de los exigidos por la ley, deberá contener la prueba fehaciente del valor comercial del bien, de la calidad de propietario del donante y de que éste conserva lo necesario para su congrua subsistencia"*.

---

[28] Otra excepción la constituye la *donación de cuota hereditaria*, *"así sea vinculándose a bienes precisos"*, dada la imposibilidad de mensura del derecho. *"Primeramente porque existe la incertidumbre de que efectivamente el bien sea adjudicado al heredero enajenante; y, en segundo lugar, porque aun cuando así llegase a acontecer, de todos modos se desconoce a la sazón cuál será la extensión cuantitativa de lo que le cupiere al enajenante en ese específico predio"* (CSJ, SC de 18 de agosto de 1995, exp. 4467, M. P. Rafael ROMERO SIERRA).

[29] *Por el cual se autoriza la insinuación de donaciones ante notario público.*

Cuando se dona sin mediar insinuación (notarial), siendo ésta necesaria,

> *"la nulidad (…) sólo operará en tanto la donación exceda de esa suma, ya que lo demás sería exigir insinuación también para la cantidad menor, contrariando, ahí sí, la expresa disposición legal.*
>
> *… la interpretación en comento en ninguna forma se opone a lo dispuesto por el artículo 1740 del código civil, según el cual 'es nulo todo acto o contrato al que falta alguno de los requisitos que la ley prescribe para el valor del mismo acto o contrato según su especie y la calidad o estado de las partes'; pues la insinuación y la nulidad que su carencia acarrea están referidas nada más que a la cuantía de la donación, por lo que nada se opone que el contrato sea válido hasta la mencionada suma en la medida en que la ley no prescribe para ello la aludida autorización".* (CSJ, SC de 16 de diciembre de 2003, Exp. N° 7593, reiterada en sentencia SC8837 de 19 de marzo de 2019, M. P. Octavio Augusto Tejeiro Duque).

Conforme a las reglas precedentes, durante la vigencia del vínculo matrimonial o marital, ambos cónyuges o compañeros permanentes pueden, libremente, perfeccionar actos de donación respecto de los bienes que les pertenecían al momento de casarse o iniciarse la sociedad patrimonial entre compañeros permanentes, o de los que hubieren aportado al matrimonio o unión, o de los que por cualquier causa adquieran en el decurso de la relación. Y si ello es así, como en efecto lo es, significa entonces –a la par que corrobora– que el cónyuge o compañero permanente del donante no está legitimado para impedirle a éste que realice los aludidos actos, salvo, claro está, las excepciones legales, v gr. que la donación se haga en fraude de la sociedad conyugal o patrimonial, o de un donante agresor de uno o varios de los miembros del grupo familiar a que pertenece (artículo 5 de la Ley 294 de 1996)[30], o de una donación que exceda los 50 smlmv.

6 OTROS FUNDAMENTOS

---

[30] Cabe decir aquí que tienen también acción (denominada pauliana o revocatoria) los acreedores del donante en los términos del artículo 2491 del Código Civil, que reza:

"En cuanto a los actos ejecutados antes de la cesión de bienes o a la apertura del concurso, se observarán las disposiciones siguientes:

1. Los acreedores tendrán derecho para que se rescindan los contratos onerosos, y las hipotecas, prendas y anticresis que el deudor haya otorgado en perjuicio de ellos, siendo de mala fe el otorgante y el adquirente, esto es, conociendo ambos el mal estado de los negocios del primero.

2. Los actos y contratos no comprendidos en el número precedente, inclusos las remisiones y pactos de liberación a título gratuito, serán rescindibles, probándose la mala fe del deudor y el perjuicio de los acreedores.

3. Las acciones concedidas en este artículo a los acreedores, expiran en un año, contado desde la fecha del acto o contrato".

A los antedichos fundamentos pueden sumarse los atinentes a los regímenes de *renuncias* (artículo 1775 del C.C.) *recompensas* (artículos 1801), *sanciones* por ocultamiento o distracción de bienes (artículos 1824), y *pérdidas o deterioros* ocurridos en las especies o cuerpos ciertos (artículo 1827), que suelen aflorar y hacerse patentes al momento de la disolución y liquidación de la sociedad conyugal o patrimonial.

Capítulo VI

SIMULACIÓN ABSOLUTA, SIMULACIÓN RELATIVA Y ACTO DE RESERVA MENTAL

El artículo 1766 del Código Civil regula el fenómeno de la *simulación* en el derecho colombiano, en tanto que el artículo 2177 ibídem se refiere a lo que se conoce como *acto de reserva mental* o *interposición real de persona contratante* (propio de un *mandato oculto o sin representación*). Se trata de dos institutos distintos que suelen caracterizar los negocios jurídicos sin que se afecte la validez de los mismos.

Con apoyo en las citadas dos normas, la jurisprudencia y la doctrina han venido, paulatinamente, desarrollado y decantando, entre otros, los conceptos de *simulación absoluta*, *simulación relativa, interposición ficticia de persona contratante* y *acto de reserva mental por interposición real de persona contratante*, que son objeto de breve reseña en las líneas subsiguientes.

1. Hipótesis varias

1.1. Simulación absoluta

Si A, propietario de un bien, aparenta venderlo a B, es decir se confecciona entre ambos un supuesto contrato de compraventa que no se celebra en la realidad, habrá *simulación absoluta*.

1.2. Simulación relativa

Si A, propietario de un bien, lo dona a B, pero el contrato correspondiente se estructura como una compraventa (no como una donación), habrá *simulación relativa* (por cambio de naturaleza del acto).

1.3. Acto de reserva mental por interposición real del vendedor

Si A, propietario de un bien, le confiere a B el encargo (mandato) de venderlo y transferirlo a C (o a cualquier otro tercero), empero B, aparentando ser el propietario del bien, lo vende y transfiere como si fuera suyo (omitiendo decir que actúa en nombre y representación de A), se estará ante una compraventa real y efectiva (no simulada) producto de un *acto de reserva mental*: la *interposición real del vendedor no conocida por el comprador,* o, lo que es lo mismo, la no indicación por parte de B de que actúa en nombre y representación de A.

1.4. Acto de reserva mental por interposición real del comprador

Si A le confiere a B el encargo (mandato) de comprar y adquirir a su nombre (de A) un bien ofrecido en venta por C (o cualquier otro tercero), pero B lo compra y adquiere como si fuera suyo (omitiendo decir que actúa en nombre y representación de A), se estará ante una compraventa real y efectiva (no simulada) producto de un *acto de reserva mental*: la *interposición real del comprador no conocida por el vendedor*, o, lo que es lo mismo, la no indicación por parte de B de que actúa en nombre y representación de A.

1.5. Simulación relativa en el mandato y acto de reserva mental por interposición real del vendedor

Si A, propietario de un bien, le confiere a B el encargo (mandato) de venderlo y transferirlo a C (o a cualquier otro tercero), pero entre los dos (A y B) se acuerda secretamente que B actúe en su propio nombre (venda y transfiera el bien como si fuera suyo), se estará, al igual que en el caso 1.3., ante una compraventa real y efectiva, producto de un *acto de reserva mental*: la *interposición real del vendedor no conocida por el comprador*; y habrá, además, una *simulación relativa en el mandato* (el ocultamiento, acordado entre el mandante y el mandatario, del acto de representación).

1.6. Simulación relativa en el mandato y acto de reserva mental por interposición real del comprador

Si A le confiere a B el encargo (mandato) de comprar y adquirir a su nombre (de A) un bien ofrecido en venta por C (o cualquier otro tercero), pero entre los dos (A y B) se pacta en secreto que B actúe en su propio nombre, es decir omitiendo expresar que actúa en nombre y representación de A, se estará, así como en el caso 1.4., ante una compraventa real y efectiva, producto de un *acto de reserva mental*: la interposición real del comprador no conocida por el vendedor; y habrá, también, una *simulación relativa en el mandato* (el ocultamiento, acordado entre el mandante y el mandatario, del acto de representación).

2. MARCO NORMATIVO

El artículo 1766 del Código Civil establece:

"Las escrituras privadas, hechas por los contratantes para alterar lo pactado en escritura pública, no producirán efecto contra terceros.

Tampoco lo producirán las contraescrituras públicas, cuando no se ha tomado razón de su contenido al margen de la escritura matriz, cuyas disposiciones se alteran en la contraescritura, y del traslado en cuya virtud ha obrado el tercero".

A su turno el artículo 2177 del mismo estatuto dispone: <u>*"El mandatario puede, en el ejercicio de su cargo, contestar*</u> (sic)[31] <u>*a su propio nombre o al del mandante; si contrata a su propio nombre no obliga respecto de terceros al mandante"*</u>. (Se subraya).

La primera de las citadas normas (el artículo 1766 del C. C.), regula el fenómeno de la *simulación* en el derecho colombiano, en tanto que la segunda (apartes subrayados del artículo 2177 ibídem), se ocupa de lo que se conoce como *acto de reserva mental* o *interposición real de persona contratante* (propio de un *mandato oculto o sin representación*) y que es asunto distinto a la simulación, institutos, ambos (la simulación y la reserva mental o interposición real de persona contratante) que suelen caracterizar los negocios jurídicos sin que se afecte la validez de los mismos.

---

[31] En lugar de la palabra *"contestar"* debe tenerse por tal la dicción *"contratar"*.

3. JURISPRUDENCIA SOBRE LA MATERIA

En relación con los citados institutos y no sin antes advertir que sobre el fenómeno de la simulación existe abundante jurisprudencia, la CSJ, en SC de 26 de agosto de 1980, precisó:

"(...) Francisco Ferrara (...) afirma: 'La simulación supone un concierto, una inteligencia entre las partes; éstas cooperan juntas en la creación del acto aparente, en la producción del fantasma jurídico que constituye el acto simulado. Sin el concurso de todos, la simulación no es posible; no basta con el propósito de uno solo, pues con ello se tendría una reserva mental y no una simulación' (La Simulación de los Negocios Jurídicos, p. 44).

"f. No ofrece duda que el proceso simulatorio exige, entonces, la participación conjunta de los contratantes y que, si así no ocurre, se presentaría otra figura como la reserva mental, que no tiene ninguna trascendencia sobre la validez y fuerza vinculante del negocio jurídico celebrado en esas condiciones.

Poco interesa que la simulación sea absoluta o relativa, pues en una y otra se requiere del mencionado acuerdo, como quiera que la creación de una situación jurídica aparente, distinta de la real, supone necesariamente un concurso de voluntades para el logro de tal fin."

La misma Corporación, en SC de 30 de julio de 1992 puntualizó:

"1. Siguiendo lo que es doctrina generalmente aceptada por los autores y la tendencia jurisprudencial hoy en día con mayor acogida sobre la materia, dícese de la simulación en los negocios jurídicos que puede ser absoluta o relativa según el grado que la anomalía revista, entendiéndose así que se da la primera especie cuando los interesados se ponen de acuerdo para engañar a los terceros realizando apenas en apariencia un acto cuyos efectos no desean, mientras que la segunda ocurre cuando bajo esa falsa apariencia existe un acto real y serio que los agentes ciertamente han celebrado pero con un ropaje distinto, habida cuenta que la naturaleza de dicho acto no es la del que se manifiesta al público como verdadero, o aun siendo la misma se le atribuyen alcances que no coinciden con los que al exterior se presentan. En otras palabras y por contraposición a la calificada como 'absoluta' donde el acuerdo simulatorio por definición ha de servir para establecer pura y simplemente que la apariencia contractual nada tiene de real y por ende carece de todo valor jurídico, en la simulación relativa hay contenido, aunque disimulado u oculto tras un artificio

engañoso, contenido que da fe de la auténtica meta de los agentes y es divergente del que el acto en su forma externa pone de manifiesto, sosteniéndose en consecuencia que este tipo de simulación puede ser a su vez de tres clases (G. J., Núm. 1899, pág. 336): a) Aquella en que la fase oculta del acto cambia la naturaleza jurídica del que se hizo ostensible, pero no para destruir los efectos que a éste le son en esencia inherentes; b) Aquella en que el acto aparece realizado por un testaferro con el objeto de ocultar la genuina identidad de los titulares de la relación creada; c) Y por último, aquella en que lo disfrazado no es ya la naturaleza misma del acto celebrado, sino las condiciones llamadas a regirlo en cuanto a objeto, precio, fecha, modalidades, pactos accesorios etc., categorías estas tres que, desde luego, son de carácter conceptual y entre sí no se excluyen pues, en la práctica, suelen darse casos de mayor complejidad en que el fenómeno simulatorio engloba varias de esas manifestaciones y a su descubrimiento en conjunto tiende la acción declaratoria correspondiente.

(...)

2. En ese orden de ideas, hoy en día se tiene por convenido entonces que no toda interposición de persona en un contrato entraña simulación, razón por la cual resulta imperioso distinguir dos situaciones de diversa índole (...); se trata de la 'interposición ficticia de persona' que en otras latitudes se denomina 'convención de testaferro', por un lado, y por el otro su antítesis constituida por la 'interposición real' y de la cual es elocuente ejemplo el artículo 2177 del Código Civil ('El mandatario puede, en el ejercicio de su cargo, contestar -léase contratar- a su propio nombre o al del mandante; si contrata a su propio nombre no obliga respecto de terceros al mandante'), figuras ambas con su propio régimen que la doctrina jurisprudencial, al menos en línea de principio general, describe en los siguientes términos:

'… La simulación de persona en los contratos no se concibe sin que sea fraguada por todos los que en ellos intervinieron como partes. De lo contrario, obedecerá a un convenio aislado, independiente del contrato, en que nada tendrán que ver los otros contratantes y que en nada podrá afectar la realidad del contrato mismo. Es cierto que en el mandato sin representación puede haber una especie de simulación, en cuanto el mandante se oculta y hace que el mandatario se presente personalmente a contratar con terceros, pero esa simulación se realiza en el mandato, no en el contrato que el mandatario celebra en su propio nombre. Por consiguiente, el tercero que contrata con el mandatario que obra por sí, no en representación de otro, es ajeno en absoluto a lo convenido privadamente entre mandante y mandatario… (G. J. T. LXXI, pág. 358)'.

(…) En efecto, la interposición real se distingue de la que es apenas simulada porque el tercero contrayente, adquirente o enajenante según el caso, no es partícipe en modo alguno del

acuerdo entre el interponente y la persona interpuesta real - mandatario 'nomine propio' o fiduciario- que es con quien aquel contrata, ignorando por lo tanto que ese intermediario declara por cuenta de otro o en virtud de un acto de confianza (fiducia) que lo obliga a obrar en tal sentido; por esto, a la persona interpuesta real su contraparte la considera, y sin lugar a dudas tiene derecho a hacerlo así, como el verdadero contratante en quien se radican directamente todos los efectos, tanto activos como pasivos, que el negocio genera, mientras que en la interposición fingida las cosas se suceden de manera por completo distinta, su ubicación dentro del marco negocial no tiene otro sentido que el de una auténtica farsa en que, a pesar de ella, todos entienden que quien realmente estipula es la persona que de la simulación se sirve para su identidad quede entre sombras (...). Por el contrario, cuando no hay concierto entre el mandante y el tercero... el mandante nada adquiere ni debe, y sólo tendrá acciones personales contra su mandatario para que le transfiera lo que haya adquirido en su nombre..."[32]
(M. P. Dr. Carlos Esteban JARAMILLO SCHLOSS).

4. DOCTRINA SOBRE LA MATERIA

---

[32] Publicada en: *Jurisprudencia y Doctrina*, t. XXI, N° 249, Legis, Bogotá, D. C., sep. de 1992, pp. 781 a 783.

En el mismo sentido Guillermo Ospina Fernández y Eduardo Ospina Acosta[33] sostienen:

> *"A este propósito, es importante precisar, según ya lo ha hecho nuestra Corte Suprema, la distinción entre dos situaciones, en las cuales la interposición de personas puede implicar o no un caso de simulación. Si existe connivencia entre las partes verdaderas y el testaferro para ocultar la identidad de una de aquellas, hay simulación, pero si la operación obedece a un acuerdo oculto, entre el contratante secreto y su interpósito sin que el otro contratante haya participado en el ocultamiento de aquél, no hay simulación (...). En el segundo caso, cuando el interpósito compra en su propio nombre, pero por cuenta y riesgo de otro que no desea figurar, mientras el vendedor no se haya prestado al ocultamiento de su comprador, no se configura la simulación: existen dos actos reales, cada uno de los cuales produce sus efectos propios. Hay una compraventa real y efectiva entre el vendedor y el interpósito, y un mandato entre éste y quien le ha encomendado la gestión de comprar, mandato que le impone al primero las obligaciones del mandatario, tales como las de traspasarle al mandante los beneficios del contrato celebrado por su cuenta (...)".*

---

[33] Citados por Orlando Leal Dávila, En: *Tres Estudios sobre la Simulación*, Monografías Jurídicas, Temis, Bogotá, D. C., 1993, pp. 97 y 98.

En igual dirección, Jorge SUESCÚN MELO comenta:

"Debe precisarse, sin embargo, que no toda 'interposición de persona' da lugar a simulación, pues para esto es menester que exista un acuerdo o connivencia entre los verdaderos contratantes y el testaferro, acuerdo dirigido a esconder la identidad de uno de ellos (...). Dentro de esta concepción, si el testaferro compra a su nombre, pero por cuenta y riesgo del verdadero comprador que no quiere darse a conocer, y más tarde aquél le transfiere a éste el bien adquirido, no habrá simulación si el vendedor original no ha sabido del proyecto simulatorio, ni se ha prestado a participar en él"[34].

5. INDICIOS DE SIMULACIÓN

En sentencia SC3598 de 28 de septiembre de 2020 (Radicado 73001-3103-006-2011-00139-01, M. P. Luis Alonso RICO PUERTA), la CSJ precisó:

---
[34] Jorge SUESCÚN MELO, *Derecho Privado, Estudios de Derecho Civil y Comercial Contemporáneo,* t. II, Legis, 2ª edición, Bogotá, 2005, p. 268.

"6. Los indicios de simulación.

(...)

Por vía de ejemplo, las reglas de la experiencia sugieren que es habitual que el vendedor se desprenda de la posesión del bien que enajena; que, por supuesto, aquel quiera (o necesite) vender y su contraparte comprar; que se reclame efectivamente por esa transferencia un precio, equivalente al valor de mercado del activo, y que el comprador cuente con recursos suficientes para asumir esa carga contractual; así, actuar contrariando tales pautas comportamentales puede sugerir el fingimiento de una determinada declaración de voluntad.

A dichas evidencias pueden sumarse otras, ya no propias de un comportamiento negocial atípico, sino del contexto en que se celebró el contrato, como por ejemplo, la cercanía de las partes (no necesariamente su parentesco); la ausencia de tratativas previas; la época de la negociación; las cláusulas contractuales inusuales (reserva de usufructo, pacto de retroventa, etc.); la transferencia masiva de activos, y, por sobre todo, la causa simulandi, es decir, la existencia de un motivo para encubrir la auténtica voluntad de los negociantes con un ropaje aparente.

Sobre el particular, esta Corporación viene sosteniendo, en forma inveterada, que

«(...) se establecen por indicios de la simulación el parentesco, la amistad íntima, la falta de capacidad económica del adquirente, la retención de la posesión del bien por parte del enajenante, el comportamiento de las partes en el litigio, el precio exiguo, estar el vendedor o verse amenazado de cobro de obligaciones vencidas, la disposición del todo o buena parte de los bienes, la carencia de necesidad en el vendedor para disponer de sus bienes, la forma de pago, la intervención del adquirente en una operación simulada anterior, etc., el móvil para simular (causa simulandi), los intentos de arreglo amistoso (transactio), el tiempo sospechoso del negocio (tempus), la ausencia de movimiento en las cuentas bancarias, el precio no entregado de presente (pretium confesus), el lugar sospechoso del negocio (locus), la documentación sospechosa (preconstitutio), las precauciones sospechosas (provisio), la no justificación dada al precio recibido (inversión), la falta de examen previo por el comprador del objeto adquirido, especialmente cuando se trata de un bien raíz, etc. (CSJ SC, 13 de octubre de 2011, rad. 200200083-01)» (CSJ SC11197-2015, 25 ago.).

6.2. Las variables relacionadas, consideradas en forma aislada, no serían bastantes para calificar como simulado un contrato, pues las negociaciones veraces pueden, por distintas circunstancias, presentar en su configuración uno o algunos de esos rasgos distintivos (y las simuladas no hacerlo), pero varias de ellas conjuntadas, vistas bajo el prisma de la sana crítica y las reglas de la experiencia, sí pueden cimentar suficientemente la conclusión apuntada.

Es decir, los indicios que jurisprudencia y doctrina han construido y compendiado a lo largo de los años pretenden servir de herramienta para identificar las notas características de los negocios jurídicos simulados, de modo que, al analizar contextualmente un contrato, resulte más sencillo deducir que se trata de un pacto serio, o elucidar que tras él se oculta una voluntad opuesta a la exteriorizada.

Pero esos indicios no constituyen una lista de necesaria satisfacción, que exija para el éxito de la acción de prevalencia la indefectible demostración de todos los supuestos sugerentes de un contrato simulado; al fin y al cabo, la valoración de la conducta humana exige, más allá de simples razonamientos automáticos, un ejercicio de ponderación y análisis complejo, siempre orientado, insiste la Sala, por las reglas de la sana crítica.

Piénsese, para demostrar la validez de este argumento, en un contrato de compraventa con pacto de reserva de dominio, celebrado entre padre e hijo. Per se, resultaría aventurado tildarlo de mendaz solo por la relación filial y convención accidental; pero si la contratación se llevó a cabo entre un progenitor moribundo, con gran capacidad económica, y su único descendiente, que recién alcanzó la mayoría de edad, sin empleo ni recursos propios, parece legítimo dudar de la armonía entre la real intención de las partes y su exteriorización.

Y si a ese panorama se suma la posibilidad latente de una demanda de liquidación de sociedad conyugal contra el enajenante, que obligaría a distribuir equitativamente su patrimonio con su antigua esposa, esas sospechas dejarán de serlo, y la lógica revelará una verdad concluyente: se hizo pasar por venta una donación, pues la verdadera voluntad del padre no podría ser otra que transferir a título gratuito un activo inmobiliario a su hijo (mejorando así su situación como futuro heredero único), con el propósito de defraudar a la cónyuge de quien se dijo vendedor, sin serlo.

A ello cabe añadir, siguiendo con la exposición propuesta, que el desenlace advertido no se modificaría si el precio pactado en el contrato simulado acompasara con el valor comercial de lo vendido, o si antes de la transferencia el presunto adquirente hubiera examinado, con la asesoría de expertos, el estado del inmueble, porque tales eventualidades no dotarían de seriedad a un negocio que carece de ella, ni permitirían tener por verídica una expresión de voluntad que a todas luces tiene dobleces".

6. BREVES NOTAS SOBRE LOS INSTITUTOS EN MENCIÓN

De los apartes jurisprudenciales y doctrinarios antes transcritos se extraen las siguientes notas características, que se esbozan con fines meramente ilustrativos y con el propósito de animar al amable lector a profundizar, por su propia cuenta, en los tópicos correspondientes. No se trata aquí de realizar un estudio exhaustivo de los institutos en mención.

6.1. En la simulación absoluta la apariencia nada tiene de real

Los interesados conciertan un acto que no desean en realidad. Caso típico es el de la compraventa solamente aparente, en que el vendedor sigue siendo en el fondo y en la realidad dueño de la cosa objeto de negociación.

6.2. En la simulación relativa el negocio celebrado tiene contenido real

Los interesados se ponen de acuerdo en un acto que realmente desean, pero con estructura distinta. Hay transferencia real de derechos. V. gr. la donación disfrazada de compraventa, en la que el donante y verdadero tradente aparenta vender, pero lo que hace en realidad es transferir de manera secreta y a título gratuito el domino sobre el bien.

6.3. En el acto de reserva mental o interposición real de persona contratante el negocio celebrado tiene también contenido real

Lo que ocurre es que uno de los contratantes, el mandatario

puntualmente, omite indicar que actúa en calidad de tal.

6.4. Aspectos sobre los cuales versa la simulación relativa

6.4.1. Cambio de la naturaleza del acto (cuyos efectos se mantienen)

El ejemplo corriente (ya citado) es el de la donación disimulada en una compraventa. Hay simulación de la naturaleza del acto, no de su contenido, que es real. El tradente tiene la intención de transferir y realmente transfiere al adquirente, quien a su turno actúa con la intención de adquirir y realmente adquiere del tradente.

6.4.2. Interposición ficticia de persona (denominada también convención de testaferro), sea tradente, sea adquirente.

Existe la intención de transferir, o adquirir, y en efecto se transfiere, o adquiere, pero no por el verdadero tradente o al verdadero adquirente, sino por un tradente aparente o a un adquirente ficticio.

6.4.3. Cambio de las condiciones que rigen el acto (que realmente se celebra) inherentes al objeto, precio, fecha, modalidades, pactos

accesorios, etc.

Esta tercera modalidad es habitual en considerable número de actos jurídicos, que no por ello afectan necesariamente intereses de terceros.

La simulación relativa por cambio de las condiciones que rigen el acto es común en contratos de compraventa de inmuebles en punto al factor precio, que si se refleja irrisorio, no significa que se esté ante una simulación absoluta ni que la transferencia del derecho sea solo aparente. Dicha transferencia puede y suele ser real aun en eventos en que se revela un precio vil o muy rebajado.

La estipulación del precio por debajo del valor real (que, se itera, es una forma de *simulación por cambio de condiciones que rigen el acto en cuanto al factor precio se refiere*), es usual, como se dijo antes, en sinnúmero de contratos de compraventa de viene raíces entre particulares –ante todo personas distintas a entidades financieras y estatales–[35], sin que por ello se haga ineficaz la transferencia del derecho de propiedad sobre la cosa objeto de negociación.

---

[35] Las entidades financieras, lo mismo que las estatales, acostumbran, en cumplimiento de normas de imperativa observancia, declarar el monto real de la negociación.

Acerca de la simulación relativa, el autor Jorge SUESCÚN MELO, ya mencionado, comenta:

"En la simulación relativa sí existe consentimiento de los contratantes, enderezado a que su negocio produzca determinados efectos, pero que se mimetiza u oculta detrás de una manifestación pública de voluntad, declaración que es ficticia o meramente aparente. Aquí lo que se quiere ocultar es la verdadera naturaleza del acto, o algunas de sus condiciones o la identidad de sus partes. Ejemplo de este tipo de simulación es disfrazar de compraventa una donación; reducir el verdadero precio; o realizar un negocio a través de un testaferro"[36].

El mismo autor, líneas más adelante, refiriéndose a la simulación relativa en la modalidad de *cambio de las condiciones que rigen el acto*, añade: *"La más generalizada es la que se dirige a mostrar un precio distinto al efectivamente pactado, con lo cual se persigue, comúnmente, disminuir los efectos impositivos que se generarían para quien recibe dicho precio"*[37].

---

[36] Jorge SUESCÚN MELO. *Derecho Privado, Estudios de Derecho Civil y Comercial Contemporáneo*, t. II, Legis, 2ª edición, Bogotá, 2005, p. 259.

[37] Ibíd., p. 267.

En igual sentido, José Ignacio LIÉVANO LASERNA expone:

"Con frecuencia los contratantes simulan el precio, aumentándole o disminuyéndole según los fines que quieran alcanzar; así, lo fijan por un valor superior al real para dar mayor valor al bien con miras a futuras negociaciones, o lo disminuyen para evitarse en parte el pago de impuestos. Esta última simulación ha llegado a ser tan corriente, que hoy día apenas hay contratación que se libre de ella"[38].

7. CONCLUSIONES

1) Relevante en la simulación, tanto la absoluta como la relativa, es que los distintos intervinientes e interesados (partes aparentes y partes ocultas) concierten el acto fingido. De no suceder así, se estructura entonces un negocio diferente respecto de los partícipes ajenos al pacto ficticio, frente a quienes se tendrá como real y verdadero el acuerdo exteriorizado, como se lo tendrá también ante terceros de buena fe (artículos 1547, 1548, 1766 y 2177 del Código

---

[38] En: *Introducción al Estudio de la Simulación de los Negocios Jurídicos*. Citado por Alfonso Rivera Martínez. *Manual Teórico-Práctico de Derecho Procesal Civil, Parte General y Especial,* Leyer, 2ª edición, Bogotá, 2004, p. 626.

Civil).

2) Cuando alguna de las partes del negocio ignora que la otra no es la verdadera tradente, o la verdadera adquirente (según corresponda), no se estructura una simulación, sino un negocio diferente producto de un *mandatario oculto* (*o sin representación*), o, lo que es lo mismo, resultado de la *interposición real de uno de los contratantes*.

3) Hay mandato oculto o sin representación cuando el mandatario actúa a nombre propio debiendo hacerlo en representación del mandante.

4) El mandatario oculto, si bien actúa en nombre propio, lo hace (en realidad) por cuenta y riesgo de un tercero no divulgado en la negociación. Es por esta razón que dicho tercero puede, con fundamento en el artículo 2177 del Código Civil y con apoyo también en la jurisprudencia que ha fijado el alcance de la aludida norma, accionar contra su representante o mandatario y reclamar para sí los efectos del negocio[39].

---

[39] Al respecto puede consultarse la SC de 30 de jul. de 1992 ya citada.

5) Cuando el negocio es apenas o exclusivamente producto de un mandato oculto o sin representación, no procede la pretensión de simulación o prevalencia. Lo procedente en tal evento es que el mandante oculto le exija a su mandatario o representante que le transfiera o traspase los efectos del negocio celebrado (resultado del acto de reserva mental), no que se declare la simulación de éste, que es real y verdadero.

8. ACCIONES PROCEDENTES

En cuanto a las acciones procedentes, son aplicables, los artículos 1766 (para la acción de simulación o prevalencia) y 2177 (para la acción de traslado de los efectos del *acto de reserva mental o mandato oculto o sin representación*).

9. INEXISTENCIA, NULIDAD Y SIMULACIÓN

9.1. La inexistencia es el no ser en el mundo jurídico, la nulidad entraña el nacimiento a la vida jurídica, y la simulación implica la estructura de declaraciones contrapuestas

Al respecto, la CSJ, sentencia SC de 24 de julio de 1969 glosó:

*"Si la **inexistencia** es el no ser en el mundo jurídico, como el jamás haberse celebrado un acto; Si la **nulidad** consiste, cuando es **absoluta**, en haber nacido un acto muerto a la vida jurídica, o sea desprovisto de toda eficacia por causa de un vicio que lo afecta **in integrum**; y, cuando de la relativa se trata, en que el acto, aunque nacido con vida jurídica esté trascendido de un vicio que lo expone a desaparecer por virtud de la recisión que logre el interesado en cuya protección a favor se encuentra tal sanción establecida; y si la **simulación** radica en que un acto jurídico se estructura a base de dos declaraciones contrapuestas (…) ciertamente tiénese que tales fenómenos no pueden confundirse, ni de ellos hacerse, por lo tanto, una acción híbrida"* [40]. (Resaltado del texto original, M. P. Gustavo Fajardo Pinzón).

Es de destacar, además, que la simulación (a la cual se refiere el artículo 1766 del Código Civil), presupone, necesariamente, la celebración de un contrato válido, es decir, con la observancia de los requisitos de validez correspondientes. Excluye la transgresión de artículos tales como el 1502, el 1508, el 1518 y el 1524 (ibídem)[41],

---

[40] G. J t. CXXXI, p. 67.

[41] Los artículos 1502, 1508, 1518, 1524 y 1766 del Código Civil, se refieren en su orden a los *requisitos de validez del consentimiento* (artículo 1502); los *vicios del consentimiento* (artículo 1508); *las cosas que pueden ser objeto de declaración de*

afines a validez de los negocios o actos jurídicos.

9.2. La pretensión de nulidad es de carácter constitutivo, en tanto que la de simulación es declarativa.

La pretensión de *nulidad* es de carácter **constitutivo** (modifica una relación jurídica sustancial preexistente), mientras que la de *simulación* (tanto *absoluta* como *relativa*) es **declarativa** (no está enderezada a deshacer una determinada relación jurídica, sino a que se constate su verdadera naturaleza o condición). Al respecto la CSJ, en SC de 30 de octubre de 1998 ya citada precisó:

"(...) se trata (la de simulación) *de una acción* ***meramente declarativa*** *encaminada a obtener el reconocimiento de una situación jurídica determinada que causa una amenaza a los intereses del actor, quien en ese orden de ideas, busca ponerse a salvo de la apariencia negocial, sin que, subsecuentemente, su ejercicio apareje un juicio negativo a la validez del contrato, esto es, que en virtud de que la simulación no presupone, per se, la existencia de una anomalía contractual, la aludida acción no puede concebirse como un instrumento destinado a demostrar la existencia de un vicio de los contratos, puesto que el fingimiento*

---

voluntad (artículo 1518); *la causa de las obligaciones* (artículo 1524); y *los actos simulados* (artículo 1766).

*negocial, lejos de tener ese talante, es, simplemente, una forma especial de concertar los actos jurídicos, vale decir, 'una modalidad de contratación conforme a la cual se permite **conservar una situación jurídica que las partes no quieren modificar en nada -simulación absoluta- o de ocultar otra realmente modificativa de una situación anterior -simulación relativa-**, acordándose emplear para ello un mecanismo que consciente y deliberadamente permite disfrazar la voluntad real de los estipulantes, bien sea haciendo aparecer algo que ninguna realidad tiene, o que la tiene pero distinta' (G. J. N° 2455 pág. 249). En ese orden de ideas, la acción de simulación o de prevalencia, como también se la ha dado en llamar, **no se endereza a deshacer una determinada situación jurídica preexistente**, sino a que se constate su verdadera naturaleza o, en su caso, la falta de realidad que se esconde bajo esa falsa apariencia"[42]* (resaltado fuera de texto) (M. P. Jorge Antonio CASTILLO RUGELES).

Amén de declarativa, la acción de simulación puede ser de condena, cuando *"persigue, además de un reconocimiento de un hecho jurídico, como la ineficacia del acto ficto, 'condenaciones y accesorios*[43] *dice ROBERTO BREBBIA, alusivo a la legislación civil de Argentina"*. (SC 21801 de 17 de diciembre de 2017, M. P. Margarita CABELLO BLANCO).

---

[42] Publicada en: *Jurisprudencia y Doctrina*, t. XXVII N° 324, Legis, diciembre de 1998, pp. 1719 y 1720.

[43] BREBBIA, Roberto H. Hechos y actos Jurídicos. Comentarios a los artículos 896 a 1085 del Código Civil. Doctrina y Jurisprudencia. Pag. 312.

10. DIFERENCIAS ENTRE LA ACCIÓN DE SIMULACIÓN, LA ACCIÓN OBLICUA, LA ACCIÓN PAULIANA Y LA ACCIÓN DE NULIDAD

10.1. La acción de simulación o prevalencia tiene por objeto que se constate y declare la verdadera naturaleza o condición de una relación jurídica.

Se rige, como se dijo ya, por el artículo 1766 del Código Civil.

10.2. La acción oblicua o subrogatoria o indirecta le asiste a los acreedores del deudor renuente o impedido para aceptar, ejercer o reclamar sus derechos.

En tales casos los acreedores del deudor están facultados para aceptar, ejercer o reclamar para sí y hasta concurrencia de sus créditos los derechos y acreencias repudiadas, no aceptadas, no ejercidas o no reclamadas por el deudor.

La acción *oblicua o subrogatoria o indirecta* supone en sí una acción de simulación, de nulidad, oblicua, etc., ejercitada por uno o varios acreedores del deudor renuente a instaurarla o impedido para hacerlo.

Ejemplos al respecto son los consagrados en los artículos 1295, 2023, 2026, 2451, 2489 (inc. 2°) y 2513 (inc. 2°), que en su orden rezan:

Art. 1295.- *"Los acreedores del que repudia en perjuicio de los derechos de ellos, podrán hacerse autorizar por el juez para aceptar por el deudor. En este caso la repudiación no se rescinde sino en favor de los acreedores, y hasta concurrencia de sus créditos; y en el sobrante subsiste".*

Art. 2023.- *"Si por el acreedor o acreedores del arrendador se trabare ejecución y embargo de la cosa arrendada, subsistirá el arriendo, y se sustituirán el acreedor o acreedores en los derechos y obligaciones del arrendador.*

Si se adjudicare la cosa al acreedor o acreedores, tendrá lugar lo dispuesto en el artículo 2020".

Art. 2026.- *"La insolvencia declarada del arrendatario no pone fin necesariamente al arriendo.*

El acreedor o acreedores podrán sustituirse al arrendatario, prestando fianza a satisfacción del arrendador.

No siendo así, el arrendador tendrá derecho para dar por concluido el arrendamiento; y le competerá acción de perjuicios contra el arrendatario, según las reglas generales".

Art. 2451.- *"No dona el que repudia una herencia, legado o donación, o deja de cumplir la condición a que está subordinado un derecho eventual, aunque así lo haga con el objeto de beneficiar a un tercero.*

Los acreedores, con todo, podrán ser autorizados por el juez para sustituirse a un deudor que así lo hace, hasta concurrencia de sus créditos; y del sobrante, si lo hubiere, se aprovechará el tercero".

Art. 2489.- *(...)* Inc. 2°.- *"Podrán, así mismo, subrogarse en los derechos del deudor, como arrendador o arrendatario, según lo dispuesto en los artículos 2023 y 2026".*

Art. 2513.- *(...)* Inc. 2°.- *"La prescripción tanto la adquisitiva como la extintiva, podrá invocarse por vía de acción o por vía de excepción, por el propio prescribiente, o por sus acreedores o cualquiera otra persona que tenga interés en que sea declarada, inclusive habiendo aquel renunciado a ella".*

10.3. La acción pauliana o revocatoria la tienen los acreedores del deudor para que se rescindan ciertos actos realizados por este de mala fe y en perjuicio de aquellos.

Aparece regulada en el artículo 2491 del Código Civil, ya citado en nota de pie de página.

10.4. La acción de nulidad tiene por objeto la invalidez del acto jurídico (si de nulidad sustancial se trata), o de todo o parte de la actuación (si a una nulidad procesal concierne), o del documento (si a una nulidad formal corresponde).

El instituto de la nulidad (sea absoluta, sea relativa, sea sustancial, sea procesal, sea formal) se rige por el *principio de la especificidad*, que enseña que no hay nulidad sin norma expresa que la establezca. Como sancionatorio que es, se fundamenta en normas de excepción, de interpretación restringida y de aplicación restrictiva. Las causales constitutivas de nulidad son taxativas o ***númerus clausus*** (i.e. relación cerrada). Lo mismo en el ámbito del derecho sustantivo como en el del derecho procesal o adjetivo.

Así por ejemplo, en el marco del derecho sustantivo, existen disposiciones que se ocupan, de manera explícita, de la nulidad del matrimonio (artículos 140 a 151 del Código Civil); de la nulidad del pago hecho al acreedor (artículo 1636 ibídem); de la nulidad de los actos y contratos en general (artículos 1740 a 1756); de la nulidad de la transacción (artículos 2476 a 2483 ibídem); de la nulidad en el contrato de sociedad (artículos 104 a 109 del Código de Comercio); de la nulidad en los negocios plurilaterales (artículo 903 ibídem); de la nulidad en el contrato de seguro (artículos 1058, 1060, 1090 y 1129 del mismo estatuto mercantil).

En cuanto a la nulidad en sí, el artículo 1740 (inciso 1°) del Código Civil dispone: *"Es nulo todo acto o contrato a que falta alguno de los requisitos que la ley prescribe para el valor del mismo acto o contrato según su especie y la calidad o estado de las partes"*. Y a renglón seguido (inciso 2°) agrega: *"La nulidad puede ser absoluta o relativa"*.

Añade el artículo 1741 que:

"La nulidad producida por un objeto o causa ilícita, y la nulidad producida por la omisión de algún requisito o formalidad que

las leyes prescriben para el valor de ciertos actos o contratos en consideración a la naturaleza[44] de ellos -solemnidades *ad substantiam actus*–, *y no a la calidad o estado de las personas que los ejecutan o acuerdan, son nulidades absolutas.*

Hay así mismo nulidad absoluta en los actos y contratos de personas absolutamente incapaces.

Cualquiera otra especie de vicio produce nulidad relativa, y da derecho a la rescisión del acto o contrato".

A su turno, en punto a los negocios jurídicos nulos –de nulidad **absoluta**– el artículo 899 del Código de Comercio señal que son tales:

1) (Salvo que la ley disponga otra cosa), los que contrarían una norma imperativa. (Los que omitan *"algún requisito o formalidad que las leyes prescriben para el valor de ciertos actos o contratos en consideración a la naturaleza de ellos"*, reza el segundo enunciado del inciso 1° del artículo 1741 del Código Civil).

2) Los que tengan causa u objeto ilícito (misma causal consagrada en el apartado inicial del inciso 1° del artículo 1741 del

---

[44] *"(S)egún su especie"*, advierte el inciso 1° del artículo 1740.

Código Civil), y

3) Los celebrados por persona absolutamente incapaz (misma causal contenida en el inciso 2° del artículo 1741).

Y en cuanto a los negocios anulables o nulos relativamente, el artículo 900 ibídem dispone que lo son (mismas causales del Código Civil):

1) Los celebrados por *"persona relativamente incapaz"*, y

2) Los consentidos *"por error, fuerza o dolo, conforme al Código Civil"*, es decir los que presenten vicios del consentimiento.

Ahora bien, en lo que al derecho adjetivo atañe, los artículos 133 a 138 del Código General de Proceso (artículos 140 a 147 del Código de Procedimiento Civil), regulan lo atinente a las nulidades procesales. El artículo 133 preceptúa que el proceso es nulo, en todo o en parte, en los casos allí señalados (que atañen a irregularidades suscitadas al interior del sumario).

Como puede observarse, en el caso de los actos o negocios jurídicos, lo inherente a nulidades se rige por las normas sustanciales respectivas. Y en el evento de los aspectos o actuaciones procesales, lo tocante a nulidades se ciñe a la suerte del proceso a que acceden.

Por su parte, el artículo 99 del Estatuto de Notariado (Decreto-Ley 960 de 1970), consagra varios casos en los cuales son nulas desde el punto de vista *formal* las escrituras públicas.

A propósito, una escritura pública, aparte de su estructura *formal*, puede versar sobre aspectos tanto *sustantivos* (los inherentes al perfeccionamiento de actos o negocios jurídicos), como *procesales* o *adjetivos* (v. gr. los actos de protocolización de expedientes judiciales). Unos y otros (tanto los aspectos sustantivos como los procesales o adjetivos), son susceptibles de anulación sin que se afecte el instrumento público.

Lo antes expuesto explica –en parte– que además del instituto de la *anulación* de escrituras públicas, regulado en el artículo 99 del Decreto 960 de 1970, exista también el de la *cancelación*, sea del instrumento en sí, sea de los actos en él vertidos, regulado a su vez en los artículos 27, 28, 29, 45 y subsiguientes del aludido decreto.

11. TÉRMINOS EN QUE PRESCRIBEN O PRECLUYEN LAS ACCIONES CORRESPONDIENTES

La acción de *simulación o prevalencia* prescribe, salvo casos especiales, en el término de diez (10) años, que es el término que rige para la prescripción de la acción ordinaria (artículo 2536).

En cuanto a casos especiales, el artículo 74 de la Ley 1116 (sobre Régimen de Insolvencia Empresarial), dispone que durante el trámite del proceso podrá demandarse ante el Juez del concurso y dentro de puntuales términos —muy inferiores a los 10 años— allí señalados, la revocatoria o simulación de actos o negocios realizados por el deudor (los cuales enumera).

Del mismo modo, el artículo 572 del Código General del Proceso, que es también norma especial para el trámite de liquidación patrimonial del deudor persona natural no comerciante, preceptúa que durante los procedimientos de negociación de deudas, convalidación del acuerdo privado, o liquidación patrimonial, podrá demandarse, dentro de estrictos términos —menores a los 10 años—, allí previstos, la revocatoria o simulación de actos celebrados por el deudor (que también enlista), que hayan perjudicado a cualquiera de los acreedores o afectado el orden de prelación de los pagos y cuando los bienes que componen el patrimonio del deudor sean insuficientes para cubrir el total de los créditos reconocidos.

Sustento jurisprudencial de lo antedicho es la SC 21801 de 17 de diciembre de 2017 ya citada, en la cual, refiriéndose a la acción de simulación, la Corte memoró: *"está sometida a la llamada prescripción extintiva, consagrada en el artículo 2535 del Código Civil que, para su cumplimiento, exige el transcurso de cierto tiempo y la inacción del acreedor, o el no haberla ejercitado. (CSJ SC Sentencia de 20 de octubre de 1959)"*.

En la misma providencia, en relación con la prescripción de la acción acodó:

Sobre el punto ha anotado [la Corte] *lo siguiente:*

"El lapso de tiempo señalado por el artículo 2536 del Código Civil a las acciones personales ordinarias, que son todas aquellas que no tienen señalado un plazo corto, es de veinte años [diez años a partir de la entrada en vigencia de la ley 791 de 2002]*, que se cuenta desde que la obligación se haya hecho exigible.*

Este plazo, no puede contarse desde la fecha del contrato, porque la ley no lo ha expresado así, como sí lo dice respecto de la acción nacida del pacto comisorio (artículo 1938) y de la acción pauliana (artículo 2491 3ª).

Sobre la exigibilidad dice la Corte: "Pero desde cuando comienza a contarse el término de la prescripción extintiva?. No puede aceptarse que debe comenzar a contarse desde la fecha en que se celebró el acto o contrato aparente. En este caso, no es aplicable la norma legal respecto de la acción pauliana, cuya prescripción de un año se cuenta desde la fecha del acto o contrato.

La acción de simulación cierto es, tiene naturaleza declarativa. Por medio de ella se pretende descubrir el verdadero pacto, oculto o secreto, para hacerlo prevalecer sobre el aparente u ostensible. Pero para el ejercicio de la acción de simulación es requisito indispensable la existencia de un interés jurídico en el actor. Es la aparición de tal interés lo que determina la acción de prevalencia. Mientras él no exista la acción no es viable. De consiguiente, el término de la prescripción extintiva debe comenzar a contarse desde el momento en que aparece el interés jurídico del actor. Sólo entonces se hacen exigibles las obligaciones nacidas del acto o negocio oculto, de acuerdo con el inciso 2º del artículo 2535 del C.C". (Subraya fuera de texto). (CSJ SC 14 de abril de 1959, G.J No 2210 Pags. 318, 319. Reiterado en Sent. Mar. 6 de 1961, G.J. No 2238 Pag. 58)".

En el mismo término (de 10 años) prescribe la acción de traslado de los efectos del *acto de reserva mental* o *mandato oculto o sin representación* a que se refiere el artículo 2177, pues se trata también de una acción personal ordinaria que no tiene señalado un plazo menor para su ejercicio.

La acción *oblicua o subrogatoria o indirecta*, prescribe en los términos en que prescriben las acciones o derechos materia de subrogación, ya que son estos los que se ejercitan por virtud de aquella.

La acción *pauliana o revocatoria* de que trata el artículo 2491 del Código Civil, prescribe (*"expira"* dice la ley) *"en un año, contado desde la fecha del acto o contrato"*, empero y como se dijo antes, la Ley 1116 de 2006 (que consagra también la acción revocatoria al interior de los procesos de insolvencia de persona comerciante), en su artículo 74 prevé términos de prescripción más reducidos para el ejercicio de la acción en los eventos allí señalados. En la misma línea, el artículo 572 del Código General del Proceso (sobre acción revocatoria en procesos de insolvencia de persona natural no comerciante), establece, como se indicó atrás, plazos de prescripción muy inferiores para el ejercicio de la acción dependiendo del acto a enjuiciar.

La acción de *nulidad*, por su parte, está sujeta a diversos términos de prescripción dependiendo del asunto o actuación y tipo de nulidad (si absoluta o si relativa) de que se trate. Así, por ejemplo, si la nulidad es sustancial, es decir versa sobre actos o negocios jurídicos que adolecen de invalidez, y es además de carácter absoluto, es aplicable el artículo 1742 del Código Civil, subrogado por el artículo 2o. de la Ley 50 de 1936 (aplicable en materia mercantil en virtud de lo dispuesto en los artículos 1, 2 y 822 del Código de Comercio)[45]. Dicha norma estatuye en lo pertinente que la nulidad absoluta *"puede y debe ser declarada por el juez"* y *"Cuando no es generada por objeto o causa ilícitos, puede sanearse por la ratificación de las partes y en todo caso por prescripción extraordinaria"*, cuyo término es de diez (10) años, según lo advierte el artículo 2532 ibídem.

Ahora bien, cuando la nulidad es de carácter relativo, se rige por el artículo 1750 del Código Civil que estatuye el plazo de *"cuatro años"* para pedir la rescisión, contados *"en el caso de la violencia, desde el día en que esta hubiere cesado; en el caso de error o de dolo, desde el día de la celebración del acto o contrato"*; y en el evento de la incapacidad legal, *"desde el día en que haya cesado esta incapacidad"*.

---

[45] Según lo advierte el artículo 1° del Código de Comercio, *"Los comerciantes y los asuntos mercantiles se regirán por las disposiciones de la ley comercial, y los casos no regulados expresamente en ella serán decididos por analogía de sus normas"*, al paso que en su artículo 2 agrega: *"En las cuestiones comerciales que no pudieren regularse conforme a la regla anterior* [la del artículo 1°]*, se aplicarán las disposiciones de la legislación civil"*. Sobre estos tópicos versan las sentencias de 27 de marzo de 1998, CSJ, C (M. P. José Fernando RAMÍREZ GÓMEZ), publicada en: *Jurisprudencia y Doctrina*, t. XXVII, N° 317, mayo de 1998, Bogotá, Legis, pp. 537 y 538; y 30 de agosto de 2001, CSJ, C (M. P. Nicolás BECHARA SIMANCAS), publicada en: *Jurisprudencia y Doctrina*, t. XXX, N° 358, mayo de 2001, Bogotá, Legis, pp. 1869 a 1874.

Advierte el inciso final del artículo 1745 que *"Las corporaciones de derecho público y las personas jurídicas son asimiladas en cuanto a la nulidad de sus actos o contratos a las personas que están bajo tutela o curaduría".* Y agregan en su orden los incisos 4° y 5° del artículo 1750 citado:

Inc. 4°.- *"A las personas jurídicas que por asimilación a los menores tengan derecho para pedir la declaración de nulidad, se les duplicará en cuatrienio y se contará desde la fecha del contrato".*

Inc. 5°.- *"Todo lo cual se entiende en los casos en que las leyes especiales no hubieren designado otro plazo".*

Por su parte, el artículo 900 del Código de Comercio dispone que la acción de nulidad relativa *"prescribirá en el término de dos años"*, contados, en el caso de error o dolo, *"a partir de la fecha del negocio jurídico respectivo"*; en el evento del *"negocio jurídico que haya sido determinado a la fuerza", "a partir del día que esta hubiere cesado"* (sentencia C-934 de 2013)[46]; y *[C]uando la nulidad provenga de una incapacidad legal, se contará el bienio desde el día en que ésta haya*

---

[46] El artículo 900 del C. Co. fue declarado exequible mediante sentencia C-934 de 2013 (M. P. Nilson PINILLA PINILLA) *"en el entendido de que el término de prescripción de dos años de la acción de anulabilidad del negocio jurídico que haya sido determinado a la fuerza, se cuenta a partir del día que esta hubiere cesado".*

cesado".

Y si se está frente a una nulidad procesal, esto es ante actuaciones irregulares que vician el proceso total o parcialmente, el término para alegarla suele estar sujeto, no a prescripción, sino a preclusión. Es lo que se colige de las normas que regulan la materia. En el caso del Código General del Proceso, el artículo 134, que lleva por título *"OPORTUNIDAD Y TRÁMITE"*, establece:

"Las nulidades podrán alegarse en cualquiera de las instancias antes de que se dicte sentencia o con posteridad a esta, si ocurrieren en ella.

La nulidad por indebida representación o falta de notificación o emplazamiento en legal forma, o la originada en la sentencia contra la cual no proceda recurso, podrá también alegarse en la diligencia de entrega o como excepción en la ejecución de la sentencia, o mediante el recurso de revisión, si no se pudo alegar por la parte en las anteriores oportunidades.

Dichas causales podrán alegarse en el proceso ejecutivo, incluso con posterioridad a la orden de seguir adelante con la ejecución, mientras no haya terminado por el pago total a los acreedores o por cualquier otra causa legal.

(…)".

De manera complementaria, el artículo 136 indica:

*"**SANEAMIENTO DE LA NULIDAD.** La nulidad se considerará saneada en los siguientes casos:*

1. Cuando la parte que podía alegarla no lo hizo oportunamente o actuó sin proponerla.

2. Cuando la parte que podía alegarla la convalidó en forma expresa antes de haber sido renovada la actuación anulada.

3. Cuando se origine en la interrupción o suspensión del proceso y no se alegue dentro de los cinco (5) días siguientes a la fecha en que haya cesado la causa.

4. Cuando a pesar del vicio el acto procesal cumplió su finalidad y no se violó el derecho de defensa.

***PARÁGRAFO.** Las nulidades por proceder contra providencia ejecutoriada del superior, revivir un proceso legalmente concluido o pretermitir íntegramente la respectiva instancia, son insaneables".*

Por su parte, el término de prescripción de la nulidad formal de escrituras públicas, al no estar regulado en forma expresa, rige por la norma general de la prescripción ordinaria, que opera en diez (10) años (artículo 2536).

12. TABLA DE RESUMEN

	Hipótesis	Situaciones jurídicas	Acciones procedentes
1	A, propietario de un bien, aparenta venderlo a B. Entre ambos se confecciona un supuesto contrato de compraventa que no se celebra en la realidad.	Simulación absoluta.	Acción de simulación o prevalencia entre A y B, o contra A y B, para que se declare la simulación absoluta (artículo 1766 del Código Civil).
2	A, propietario de un bien, lo dona a B, pero mediante una supuesta compraventa.	Simulación relativa (por cambio de naturaleza del acto).	"
3	A, propietario de un bien, le confiere a B el encargo (mandato) de venderlo y transferirlo a C (o a cualquier otro tercero), empero B,	Compraventa real y efectiva (no simulada) producto de un acto de reserva mental: *la interposición real del*	Acción personal de A contra B, para que le entregue el precio recibido (artículo 2177 ibídem).

	aparentando ser el propietario del bien, lo vende y transfiere como si fuera suyo (omitiendo decir que actúa en nombre y representación de A).	*vendedor no conocida por el comprador,* o, lo que es lo mismo, la no indicación por parte de B de que actúa en nombre y representación de A.	
4	A le confiere a B el encargo (mandato) de comprar y adquirir a su nombre (de A) un bien ofrecido en venta por C (o cualquier otro tercero), empero B lo compra y adquiere para sí (omitiendo decir que actúa en nombre y representación de A).	Compraventa real y efectiva (no simulada) producto de un acto de reserva mental: *la interposición real del comprador no conocida por el vendedor*, o, lo que es lo mismo, la no indicación por parte de B de que actúa en nombre y representación de A.	Acción personal de A contra B, para que le transfiera lo adquirido (artículo 2177 ibídem).
5	A, propietario de un bien, le confiere a B el encargo (mandato) de venderlo y transferirlo a C (o a cualquier otro tercero), empero entre los dos (A y B), se acuerda secretamente que B actúe en su propio nombre (venda y transfiere el bien como si fuera suyo).	1. Compraventa real y efectiva (no simulada) producto de un acto de reserva mental: *la interposición real del vendedor no conocida por el comprador.* (Igual que el caso 3).	Acción personal de A contra B, para que le entregue el precio recibido (artículo 2177 ibídem).
		2. Simulación relativa en el mandato (el ocultamiento, acordado entre el mandante y el mandatario, del acto de representación).	Acción de simulación o prevalencia entre A y B, o contra A y B, para que se declare la simulación relativa (que el verdadero

			vendedor y tradente es A). (Artículo 1766 del Código Civil).
6	A le confiere a B el encargo (mandato) de comprar y adquirir un bien ofrecido en venta por C (o cualquier otro tercero), empero entre los dos (A y B), se pacta en secreto que B actúe en su propio nombre, es decir omitiendo expresar que actúa en nombre y representación de A.	1. Compraventa real y efectiva (no simulada) producto de un acto de reserva mental: *la interposición real del comprador no conocida por el vendedor*. (Igual que el caso 4).	Acción personal de A contra B, para que le transfiera lo adquirido.
		2. Simulación relativa en el mandato (el ocultamiento, acordado entre el mandante y el mandatario, del acto de representación).	Acción de simulación o prevalencia entre A y B, o contra A y B, para que se declare la simulación relativa (que el verdadero comprador y adquirente es A). (Artículo 1766 del Código Civil).
7	A repudia una asignación hereditaria que se le ha deferido.	Repudio de asignación hereditaria.	Acción oblicua o subrogatoria o indirecta de los acreedores de A perjudicados por por el repudio de este, para que se rescinda a su favor la repudiación y el juez los autorice aceptar por el deudor

			hasta concurrencia de los créditos respectivos (artículo 1295).
8	A, propietario de un bien, lo vende y transfiere a B en perjuicio de sus acreedores, actuando los dos (A y B) de mala fe, *"esto es, conociendo ambos el mal estado de los negocios del primero"*.	Compraventa real y efectiva afectada de rescisión.	Acción pauliana o revocatoria de los acreedores de A contra este y B para que se rescinda la compraventa (artículo 2491).
9	A (incapaz absoluto) vende y transfiere un bien a B; o siendo capaz lo vende y transfiere a B omitiendo algún requisito o formalidad que la ley prescribe para el valor del acto o contrato en consideración a su naturaleza de este (artículos 1741 del Código Civil y 899 del Código de Comercio).	Compraventa real y efectiva viciada de nulidad absoluta.	Acción de nulidad absoluta ejercida por todo el que tenga interés en ello, o por el Ministerio Público en interés de la moral o de la ley, o por el Juez (aun sin petición de parte cuando aparezca de manifiesto en el acto o contrato) para que se declare la nulidad absoluta (artículo 1742).
10	A, propietario de un bien, lo vende y transfiere a B, mediando vicio del consentimiento (error, fuerza, o dolo, artículos 1508	Compraventa real y efectiva viciada de nulidad relativa.	Acción de nulidad relativa ejercida por aquel en cuyo beneficio la haya establecido la ley, o

	y 1741 del Código Civil y 900 del Código de Comercio).		por sus herederos o cesionarios para que se declare la nulidad relativa (artículo 1743).
11	A, propietario de un bien inmueble, lo vende y transfiere a B, empero el notario que autoriza la escritura pública correspondiente actúa por fuera de los límites territoriales de su círculo notarial (numeral 1 del artículo 99 del Decreto-Ley 960 de 1970).	Nulidad (absoluta) de escritura pública.	Acción de nulidad absoluta de escritura pública ejercida por todo el que tenga interés en ello, o por el Ministerio Público en interés de la moral o de la ley, o por el Juez (aun sin petición de parte, cuando aparezca de manifiesto en el acto o contrato) para que se declare la nulidad absoluta (artículo 1742).

Capítulo VII

Necesidad de redefinir la casuística sobre la materia

Es indudable que la variación de la línea jurisprudencial tradicional en torno a la interpretación de los artículos 180, 1774 y 1777 (inciso 2°) del C. C. y 1° de la Ley 28 de 1932 y al momento en que se entiende surgida la sociedad conyugal, invita a revisar la casuística sobre la materia, especialmente en lo relacionado con la *prescripción* de la acción simulatoria o de prevalencia, que bien puede empezar a correr desde antes de la disolución de la sociedad conyugal o patrimonial entre compañeros permanentes, o desde antes de la demanda dirigida a tal propósito (v. gr. demanda de separación de cuerpos, de bienes, o de divorcio, etc.)[47], concretamente desde el instante mismo en que el cónyuge afectado *"llega a conocer que los derechos patrimoniales de la sociedad han sido vulnerados o se encuentran en grave, serio e inminente peligro"* (SC16280 de 18 de noviembre de 2016 de 18 de noviembre de 2016), instante que puede coincidir, las más de las veces, con el de la realización del acto (simulado) a demandar.

Sobre el particular, y en relación con el momento en que empieza a correr el término de prescripción de la acción según de

---

[47] Al respecto la SC de 4 de octubre de 1982.

demande de *iure proprio* o de *iure hereditario*, la CSJ, en sentencia SC-4063/2020 (26 de octubre de 2020) M. P. Aroldo Wilson Quiroz Monsalvo), precisó:

> *"(...) los herederos pueden censurar los actos realizados por el causante ejerciendo un derecho propio (iure proprio), cuando ven afectada una retribución que tiene origen en la condición misma de heredero y que el causante no ha podido transmitirle, tal cual sucede con las asignaciones forzosas; o ejerciendo un derecho hereditario (iure hereditatis) si se trata de un bien o prerrogativa que el heredero ha recibido del causante a título universal, esto es, transmitido por causa de muerte.*
>
> *Tal distinción no es de poca monta, si en la cuenta se tiene que de allí derivan consecuencias de diversa índole, no sólo en tratándose de la legitimación para elevar la pretensión, también en otros aspectos como el conteo del término prescriptivo de la acción incoada, según se trate de la promovida por los herederos iure proprio o iure hereditario.*
>
> *Ciertamente, en la primera eventualidad el término prescriptivo inicia desde el momento en que al alcance de los herederos está demandar el acto del causante, que no es otro que el deceso de éste; mientras que en el segundo dicho cálculo parte de la celebración del pacto, como quiera que los herederos obran como continuadores de uno de los contratantes, siendo natural*

que el lapso que él dejó avanzar les repercuta, precisamente por entrar a ocupar su lugar, como uno de los extremos del negocio".

En esa misma dirección, y en relación con el surgimiento del *interés jurídico,* en sentencia más reciente (la SC1971 de 12 de diciembre de 2022, M. P. Luis Alonso RICO PUERTA), puntualizó:

"(...) Pues bien, si el propósito de la acción de prevalencia consiste en esclarecer la verdadera voluntad de las partes de una convención aparente, es lógico deducir la existencia de un derecho —y un deber jurídico correlativo— orientado a que esa voluntad real se exteriorice, de modo que puedan deshacerse los efectos del fingimiento. Existe, pues, una obligación de aclarar cuál es la verdad y deshacer la apariencia, de la que son deudores y acreedores recíprocos todos los partícipes de una convención simulada.

Cabe preguntarse, entonces, cuándo se hace exigible esa obligación recíproca de las partes de un contrato simulado de revelar su verdadera voluntad —o la ausencia de esa voluntad—. Y la respuesta más pertinente con los principios generales del orden jurídico conduce a afirmar que surge tan pronto se celebra la convención simulada, pues el deber jurídico del que se viene hablando no podría quedar sometido a plazo o condición alguna. Y siendo ello así, la de revelar la realidad y aniquilar la apariencia es una obligación pura y simple, exigible inmediatamente.

Por tanto, como el plazo prescriptivo se ha de computar 'desde que la obligación se haya hecho exigible' (artículo 2535, Código Civil), es ineludible colegir que la fecha de celebración del contrato simulado debe ser también el punto de partida del término de prescripción de la acción de simulación, que es de diez años, de acuerdo con la regla general que prevé el artículo 2536 del Código Civil.

Esa regla, sin embargo, no es absoluta, pues en aras de minimizar los efectos del engaño, se ha conferido a los terceros afectados con la simulación el derecho a exigir –a través de la acción de prevalencia– que se revele la verdadera voluntad de los partícipes en la farsa contractual, prerrogativa que surge como respuesta a alguna lesión concreta, generada al tercero por el negocio ficto. De ahí que el dies a quo del plazo prescriptivo de la acción de esos terceros coincida con el nacimiento de su interés jurídico en la declaratoria de simulación.

(...) En ese orden de ideas, 'la acción de simulación no sólo pueden ejercitarla los contratantes simuladores, sino también los herederos de éstos y aun terceras personas, como los acreedores, cuando tienen verdadero interés jurídico. En lo

que atañe a los herederos, éstos pueden asumir una posición diferente, o sea, pueden actuar iure proprio o iure hereditario. Si el heredero impugna el acto simulado porque menoscaba su legítima en tal caso ejercita su propia o personal acción. Si promueve la acción que tenía el de cujus y como heredero de éste, se está en presencia de la acción heredada del causante' (CSJ, SC del 14 de septiembre de 1976, G. J., t. CLII, págs. 392 a 396).

(...) Siendo transmisible la acción de simulación, 'los herederos de las partes, al igual que éstas, tienen el suficiente interés jurídico para atacar de simulado el negocio jurídico celebrado por el causante y, con mayor razón, cuando tal acto lesiona sus derechos herenciales, como sucede cuando con ellos se menoscaba su legítima. En este evento no queda duda sobre la suficiencia del interés jurídico del heredero que obre iure hereditario o iure proprio, para impugnar el acto simulado' (CSJ, SC del 4 de octubre de 1982, G.J. t. CLXV, págs. 211 a 218)» (CSJ SC1589-2020).

La insistencia en referirse a esa duplicidad de la acciones (iure proprio – iure hereditatis) no es gratuita, sino que tiene el propósito de dejar en claro que, en tratándose de terceros (como lo sería el heredero que actúa a nombre propio), no es la mendacidad del contrato simulado lo que les confiere derecho a reclamar la prevalencia de la verdadera voluntad de los contratantes, sino el menoscabo que el pacto aparente les irroga, aunque este se materialice mucho tiempo después de celebrado el contrato simulado.

Y, naturalmente, el surgimiento ex post de ese derecho tiene indudables efectos en el cómputo del término prescriptivo, conforme también se ha explicado en decisiones anteriores de la Sala:

'El interés que legitima el ejercicio de la acción de simulación puede surgir en muchos casos con posterioridad a la maniobra simulatoria, caso en el cual "es palmario que la prescripción de dicha acción empieza a contarse respecto del titular que se encuentre en tales circunstancias, no a partir del acto simulado, sino desde el momento en que, pudiendo accionar, ha dejado de hacerlo"¹¹. (...)' (CSJ SC2582-2020).

(...)

Ante la necesidad de dotar de acciones efectivas a los terceros afectados por la simulación, que les permitan remediar tamañas injusticias, se muestra razonable la propuesta pretoriana de reconocer una acción autónoma, que surge cuando la mendacidad cause daños efectivos a terceros, y que prescribe tras diez años de estructurarse tal afectación.

En la misma providencia, líneas más adelante se compendia:

"Lo hasta aquí discurrido permite establecer, a modo de subregla, que el punto de partida del plazo decenal de prescripción de la acción de simulación ejercida por una de las partes del contrato simulado coincide con la fecha de su celebración". (Negrillas del texto original).

En síntesis, el *interés jurídico* y por ende el día o momento a partir del cual corre el término de prescripción de la acción de simulación surge:

i) Para las partes del acto o negocio jurídico simulado, desde la celebración de éste;

ii) Para los herederos que demandan de *iure hereditario* (como sucesores), también desde la celebración del acto o contrato;

iii) Para los herederos que demandan de *iure proprio* (a título personal), desde el deceso del causante; y

iv) Para los demás interesados (terceros no herederos ni partes del acto o contrato), desde el momento en que pudiendo accionar han dejado de hacerlo, o, lo que es equivalente, desde el instante en que la mendacidad —mentira de los simulantes— les causa daño efectivo o menoscabo, que si se trata de terceros acreedores, el término de prescripción de la acción se cuenta *"desde que la obligación se haya hecho exigible"* (artículo 2535 del Código Civil).

Todo lo anterior sin perjuicio de los derechos de adquirentes de buena fe (artículos 1547, 1548, 1766 y 2177 del Código Civil).

CAPÍTULO VIII

SANCIÓN POR OCULTAMIENTO O DISTRACCIÓN DE BIENES

La plurimencionada variación de la jurisprudencia sobre la materia, suscita también el interrogante de si para los fines del artículo 1824 del Código Civil[48], en caso de no ser posible la restitución de la cosa dolosamente ocultada o distraída por alguno de los cónyuges (v. gr. cuando ha sido enajenada a un tercero de buena fe exenta de culpa o protegido por la ley –artículos 1547, 1548, 1766 y 2177 del Código Civil–, o cuando ha prescrito la acción de simulación que le asistía al cónyuge o compañero permanente afectado), podría, de todos modos, al momento de la liquidación de la sociedad conyugal (o patrimonial), o con ocasión de dicha liquidación, ser sancionado el cónyuge (o compañero permanente) transgresor perdiendo su porción en la cosa, incluso de manera doblada, conforme lo prevé la norma citada.

La respuesta al referido interrogante podría ser afirmativa en cuanto el artículo 1825 establece: *"Se acumulará imaginariamente al*

---

[48] **C. C. Art. 1824.-** *"Aquel de los cónyuges o sus herederos, que dolosamente hubiera ocultado o distraído alguna cosa de la sociedad conyugal, perderá su porción en la misma cosa, y será obligado a restituirla doblada".*

haber social todo aquello de que los cónyuges sean respectivamente deudores a la sociedad, por vía de recompensa o indemnización, según las reglas arriba dadas".

Al ser institutos diferentes la *acción de simulación* y la *sanción por ocultamiento o distracción de bienes sociales* de que trata el artículo 1824, podría ocurrir que ante la imposibilidad de la restitución de la cosa, o habiendo prescrito la acción de simulación, no sucediera lo mismo con la sanción, que surge –apenas– con ocasión de la disolución de la sociedad conyugal o patrimonial.

Lo anterior con mayor razón si se observa que la acción de simulación es de naturaleza netamente *declarativa* (constata una situación) en tanto que la sanción por ocultamiento o distracción de bienes *emerge*, principalmente, al momento de la disolución y liquidación, amén de que opera –también– en casos de enajenaciones reales (no simuladas) de activos sociales o patrimoniales. Al fin y al cabo, lo esencial a efectos de la imposición de la sanción es el *dolo* en que incurre el cónyuge o compañero permanente o sus herederos al ocultar o distraer bienes sociales.

En ese orden de ideas, por razón de la acumulación imaginaria *"al haber social"* de *"todo aquello de que los cónyuges sean respectivamente deudores a la sociedad, por vía de recompensa o indemnización"* (artículo 1825), podría ser posible que con motivo de la acción sancionatoria mencionada se estableciere el dolo en el ocultamiento o distracción del activo social o patrimonial, muy a pesar de haber prescrito alguna eventual acción simulatoria que hubiere dejado de ejercitar el cónyuge o compañero permanente perjudicado.

Sociedad conyugal vs. libre administración y disposición de bienes

Capítulo IX

Donaciones de poca monta, o por inminente piedad o beneficio, o anticipadas de la herencia

Podría ocurrir también que se elucidare que el cónyuge o compañero permanente enajenante no hizo otra cosa que hacer una *donación de poca monta* o con el objeto de *inminente piedad o beneficio* y sin causar grave menoscabo al haber social o patrimonial (artículo 1798)[49]; o que *donó anticipadamente parte de su herencia*. En tales casos no procedería la acción sancionatoria del artículo 1824, sino la compensatoria de que tratan los artículos 1798 y 1803[50]. Y sería dable abonar el valor de lo donado a la cuota de libre disposición del enajenante.

---

[49] **C. C. Art. 1798.-** *"El marido o la mujer deberá a la sociedad el valor de toda donación que hiciere de cualquiera parte del haber social, a menos que sea de poca monta, atendidas las fuerzas del haber social o que se haga para un objeto de inminente piedad o beneficencia y sin causar un grave menoscabo a dicho haber".*

[50] **C. C. Art. 1803.-** *"En general, se debe recompensa a la sociedad por toda erogación gratuita y cuantiosa a favor de un tercero que no sea descendiente común".*

Capítulo X

Donaciones de bienes propios

Podría suceder en igual forma que los bienes donados, o enajenados a bajo costo, los hubiere adquirido el cónyuge o compañero permanente donante o enajenante con recursos propios (valores propios o recursos adquiridos a título de donación, herencia o legado)[51], o con *haberes relativos* de la sociedad conyugal (numerales 3, 4 y 6 del artículo 1781)[52], quedando, en tales eventos,

---

[51] **C. C. Arts. 1782 y ss.**

[52] **C. C. Art. 1781.-** *"El haber de la sociedad conyugal se compone:*

(...)

3.) Del dinero que cualquiera de los cónyuges aportare al matrimonio, o durante él adquiriere, obligándose la sociedad a la restitución de igual suma.

4.) De las cosas fungibles y especies muebles que cualquiera de los cónyuges aportare al matrimonio, o durante él adquiere <sic>; quedando obligada la Sociedad a restituir su valor según el que tuvieron al tiempo del aporte o de la adquisición.

Pero podrán los cónyuges eximir de la comunión cualquiera parte de sus especies muebles, designándolas en las capitulaciones, o en una lista firmada por ambos y por tres testigos domiciliados en el territorio.

(...)

6.) De los bienes raíces que la mujer aporta al matrimonio, apreciados para que la sociedad le restituya su valor en dinero.

Se expresara así en las capitulaciones matrimoniales o en otro instrumento público otorgado

obligada la sociedad a reconocer o restituir los valores correspondientes.

---

al tiempo del aporte, designándose el valor, y se procederá en lo demás como en el contrato de venta de bienes raíces.

Si se estipula que el cuerpo cierto que la mujer aporta, puede restituirse en dinero a elección de la misma mujer o del marido, se seguirán las reglas de las obligaciones alternativas".

Nota: El numeral 6° del artículo 1781 fue declarado exequible mediante sentencia C-278 de 2014 *"en el entendido de que tal potestad se predica de ambos contrayentes".*

Capítulo XI

Actos jurídicos simulados que podrían poner en riesgo el patrimonio del enajenante, y por esta vía el de la sociedad conyugal, o el de la sociedad patrimonial entre compañeros permanentes

(A propósito de la revisión de la casuística sobre la materia), actos jurídicos simulados susceptibles de poner en riesgo el patrimonio del enajenante y que, por tanto, le conferirían a los correspondientes afectados legitimación para demandarlos, podrían ser los siguientes:

1). Los actos de *simulación absoluta* mediante los cuales uno de los cónyuges (o compañeros permanentes) "transfiere" haberes sociales (o patrimoniales). Ejemplo de ello es la compraventa simulada y consiguiente tradición aparente en que el vendedor sigue siendo el verdadero dueño de la cosa objeto de negociación. En tal caso, en virtud del supuesto contrato de compraventa el fingido vendedor titula de manera apenas aparente el dominio sobre el bien en cabeza de un tercero, causándole en tal forma una merma no consentida al haber de la sociedad conyugal o patrimonial.

2). Los actos de *simulación relativa* con ocasión de los cuales se le causa perjuicios a la sociedad conyugal (o patrimonial), lo que puede ocurrir en casos como los siguientes:

i). Simulación relativa en la modalidad de *cambio de la naturaleza del acto* si por virtud del negocio se donan bienes sociales o patrimoniales.

Caso típico es el de la donación disfrazada de compraventa en la cual el donante aparenta vender, pero lo que hace en realidad es transferir el domino sobre la cosa a título gratuito y en perjuicio de la sociedad conyugal o patrimonial.

Puede ocurrir también que siendo posible la donación, lo sea en exceso del monto permitido por la ley[53], causándole detrimento al haber de la sociedad conyugal o patrimonial.

En tales sucesos, como consecuencia de la simulación de la compraventa y de la declaratoria de prevalencia del acto oculto, hay

---

[53] La ley (artículo 1458 del Código Civil), autoriza donar sin necesidad de insinuación notarial hasta por el equivalente a 50 salarios mínimos legales mensuales vigentes.

lugar a pedir, de manera consecuencial, la *nulidad de lo donado* (caso de darse alguna causal de nulidad), o en su defecto la *nulidad de lo donado en exceso* (CSJ, SC de 16 de diciembre de 2003, Exp. N° 7593, reiterada en sentencia SC8837 de 19 de marzo de 2019, M. P. Octavio Augusto TEJEIRO DUQUE).

En las referidas hipótesis, si el bien objeto de enajenación apareciere titulado a nombre de un tercero (testaferro), habría lugar a declarar –liminarmente– la simulación de la titulación o transferencia a dicho tercero y que –por tal razón– el bien le pertenece en realidad a la sociedad conyugal o patrimonial.

3). Simulación relativa en la modalidad de *interposición ficticia del tradente o del adquirente*, si con motivo del negocio se produce una merma ilegal al patrimonio de la sociedad conyugal (o patrimonial).

Ejemplos de ello son:

i). La adquisición de un bien a nombre de un tercero, debiendo serlo a nombre de la sociedad conyugal (o patrimonial). En este evento hay lugar a declarar la simulación de la adquisición en cabeza del tercero y por ende que el bien es de la sociedad conyugal o patrimonial.

ii). La enajenación verdadera (no simulada) de un bien de la sociedad conyugal (o patrimonial) que aparece titulado a nombre de un tercero (testaferro) y se omite ingresar el monto de lo recibido al haber de la sociedad conyugal o patrimonial. (En este caso hay lugar a declarar la simulación de la titulación a nombre del tercero y que el ingreso corresponde a la sociedad conyugal o patrimonial).

iii). La enajenación verdadera de un bien de la sociedad conyugal (o patrimonial) a causa de la cual el vendedor recibe un precio mayor al convenido, empero lo devengado en exceso no ingresa al haber de la sociedad conyugal (o patrimonial), sino al patrimonio personal del vendedor. (En este caso el comprador –adquirente– no estaría obligado a realizar restitución alguna. Ésta, que correspondería al exceso de lo percibido, sería de cargo del vendedor simulador y a favor de la sociedad conyugal, o patrimonial).

4). Simulación relativa en la modalidad de *cambio de las condiciones que rigen el acto (que realmente se celebra) en lo que al factor precio se refiere.* Si con ocasión del negocio o enajenación verdadera se produce una merma no autorizada al haber de la sociedad conyugal (o patrimonial), debe el cónyuge o compañero permanente simulador hacerle la restitución correspondiente a la sociedad conyugal o patrimonial.

En todas las anteriores hipótesis, según la jurisprudencia (en particular la de época reciente)[54], en materia de simulación están legitimados para promover la acción de prevalencia del acto aparente tanto el cónyuge o compañero permanente del fingidor o sus herederos, como los terceros que demuestren interés directo y acrediten la perturbación de algún derecho. Ello sin que sea menester que esté disuelta la sociedad conyugal o patrimonial.

---

[54] SC16280 de 18 de noviembre de 2016.

Capítulo XII

Conclusiones

1). Continúa vigente el enunciado inicial del artículo 1° de la Ley 28 de 1932, según el cual *para efectos de la libre administración y disposición de bienes adquiridos por los esposos durante el matrimonio, se entiende que la sociedad conyugal surge al momento de su disolución.*

2). Como consecuencia de la antedicha conclusión, la regla según la cual *la sociedad conyugal surge por el hecho del matrimonio* (artículos 180, 1774 y 1777 –inciso 2°– del C. C. y disposiciones afines), es compatible y armonizable con la subregla, de excepción (y si se quiere de ficción), contenida en el artículo 1°, enunciado inicial, de la Ley 28 de 1932, indicativa de que *la sociedad conyugal surge, no con el matrimonio, sino a partir del momento en que entra en disolución.*

3). Los efectos de la *sociedad conyugal* (que surge desde la celebración del matrimonio) y de la *sociedad patrimonial entre compañeros permanentes* (que se consolida a los dos años –como mínimo– de vigencia de la unión marital[55], pero que surte efectos retroactivos, sea al inicio de la relación, sea al momento de la disolución de la sociedad o sociedades conyugales

---

[55] El artículo 2° de la Ley 54 de 1990 *(Por la cual se definen las uniones maritales de hecho y el régimen patrimonial entre compañeros permanentes)* establece que *"Se presume sociedad patrimonial entre compañeros permanentes"* y hay lugar a declararla (ya *judicialmente*, ora *por mutuo consentimiento mediante escritura pública*, o bien *por manifestación expresa mediante acta suscrita en centro de conciliación legamente reconocido*), cuando exista unión marital de hecho durante un lapso no inferior a dos años en los eventos previstos en los literales a) y b) del mentado artículo.

preexistentes[56])[57], se difieren, postergan o retardan, según

---

[56] El parágrafo del artículo 3° de la Ley 54 de 1990 reza: *"No formarán parte del haber de la sociedad, los bienes adquiridos en virtud de donación, herencia o legado, ni los que se hubieren adquirido antes de iniciar la unión marital de hecho, pero sí lo serán los réditos, rentas, frutos o mayor valor que produzcan estos bienes durante la unión marital de hecho".* En otros términos, *formarán parte del haber de la sociedad patrimonial entre compañeros permanentes, los bienes adquiridos durante la unión marital de hecho, así como los réditos, rentas, frutos o mayor valor que produzcan los que se hubieren adquirido antes de iniciar la unión marital de hecho o en virtud de donación, herencia o legado.*

Si la *sociedad patrimonial entre compañeros permanentes*, una vez consolidada, no surtiere efectos retroactivos (sea al inicio de la unión marital de hecho –en caso de que ninguno de los compañeros permanentes estuviere impedido legalmente para contraer matrimonio–, sea al momento de la disolución de la sociedad o sociedades conyugales preexistentes –en caso de que alguno o ambos compañeros permanentes estuvieren impedidos legalmente para contraer matrimonio, sentencia SC005 de 5 de enero de 2021–), carecería de sentido el parágrafo del artículo 3° de la Ley 54 de 1990, de cuya lectura se colige que *hacen parte de aquella los bienes adquiridos a partir de inicio de la unión marital de hecho, incluidos los réditos, rentas, frutos y mayores valores que produzcan los adquiridos antes o en virtud de donación, herencia o legado.*

En la anterior forma, el sentido y alcance (integral) de la Ley 54 de 1990 en punto a la *sociedad patrimonial entre compañeros permanentes* es: si bien dicho tipo de sociedad surge, en principio, desde el inicio de la unión marital de hecho, requiere, para su consolidación, el transcurso, como mínimo, de dos años de convivencia entre los compañeros permanentes. Ello es entendible si se piensa, por ejemplo, en una unión marital de hecho de apenas una semana de vigencia o duración, en virtud de cuyo trabajo, ayuda y socorro se hubiese adquirido un bien a nombre de uno solo de los compañeros permanentes. En tal evento, sencillamente, sería difícil admitir la existencia de una *sociedad patrimonial entre compañeros permanentes* en los términos regulados en la ley. A lo sumo, sería dable reconocer la conformación de una *sociedad de hecho*, como ciertamente lo advirtió la Corte Constitucional, en la sentencia C-257 de 2015, por la cual fueron *declarados "EXEQUIBLES los literales a) y b) (parciales) del artículo 2° de la Ley 54 de 1990".* En dicha sentencia se precisó que *"aun sin que medien los dos años de convivencia de la pareja en unión marital, se puede iniciar el proceso judicial para declarar la sociedad de hecho, no el de declaración de la sociedad patrimonial entre compañeros permanentes".*

En la misma sentencia se memoró que *"La posición reiterada de la Corte Suprema ha entendido que la norma no sólo prevé una presunción, también determina un requisito sin el cual es imposible solicitar la declaración judicial de la sociedad patrimonial entre compañeros permanentes".*

La transcrita precisión la hizo la Corte Constitucional tras señalar que

> *"La jurisprudencia de la Corte Suprema de Justicia ha sido clara al respecto en diversas ocasiones:*
>
> *'La sociedad patrimonial entre compañeros permanentes, a que refiere el artículo 2º de la misma Ley 54 de 1990, si bien depende de que exista la 'unión marital de hecho', corresponde a una figura con entidad propia que puede o no surgir como consecuencia de la anterior, desde su inicio o durante su vigencia, siempre y cuando se cumplan los demás presupuestos que señala la norma, esto es,* **que el vínculo se haya extendido por más de dos años y, que de estar impedido legalmente uno o ambos compañeros permanentes para contraer matrimonio, hayan disuelto sus sociedades conyugales, así se encuentren ilíquidas.**
>
> *[...] De tal manera que no puede predicarse la conformación de una sociedad patrimonial entre compañeros permanentes sin que se acredite la unión marital de hecho, pero establecida esta última, no quiere decir que se produzca espontáneamente aquella, debiéndose demostrar los demás elementos que le dan origen*[56] *(Negrilla fuera del texto)".*

Y en pie de página indicó la Corte Constitucional que el referido apartado jurisprudencial corresponde a la *"Corte Suprema de Justicia, Sala de Casación Civil. Exp. 7300131100022008-00322-01. Publicada el quince (15) de noviembre de dos mil doce (2012). Aprobada en sala del trece (13) de agosto de dos mil doce (2012). MP Fernando Giraldo Gutiérrez. La misma posición sobre el requisito de los dos años de convivencia ha sido sostenida en otros fallos, ver por ejemplo la Sentencia de 20 de septiembre de 2000, exp. No. 6117, citada por: Corte Suprema de Justicia, Sala de Casación Civil. REF.: 85001-3184-001-2002-00197-01. Publicada el once (11) de marzo de dos mil nueve (2009), discutida y aprobada en Sala de veinticinco (25) de agosto de dos mil ocho (2008). MP William Namén Vargas. En el mismo sentido ver la sentencia CSJ SC, 22 Mar. 2011, Rad. 2007-00091-01 citada por: Corte Suprema de Justicia, Sala de Casación Civil. SC15029-2014 Radicación n° 11001-0203-000-2009-01826-00. Publicada el veintinueve (29) de octubre de dos mil catorce (2014), Aprobada en sesión de 17 de junio del mismo año. MP Álvaro Fernando García Restrepo".*

[57] Se infiere de lo antedicho que para el legislador colombiano resulta razonable el (exigido) término de dos años de vigencia de la unión marital para la consolidación de la *sociedad patrimonial entre compañeros*, que, conforme se indicó antes, surge con efectos retroactivos, sea al inicio de la unión marital de hecho, sea al momento de la disolución de la sociedad o sociedades conyugales anteriores, según corresponda (sentencia SC005 de 5 de enero de 2021).

Sobre el particular, ciertamente, en la susodicha sentencia C-257 de 2015 se acotó:

> *"37. (...) un dato objetivo, como es el paso del tiempo, pretende mostrar la vocación de permanencia de la unión y lograr la configuración de otros elementos necesarios para considerar que hay un patrimonio común: el*

corresponda, hasta cuando se suscite alguna causal o situación que así lo indique, tales como las siguientes:

i). Las convenciones que celebren los esposos o compañeros permanentes en torno a *capitulaciones matrimoniales, o maritales o extramatrimoniales* (artículo 1771 del C. C.)

ii). Las *renuncias a gananciales o haberes* que resulten de *la disolución de la sociedad conyugal o patrimonial entre compañeros permanentes* (artículo 1774 del C. C.).

iii). La *disolución* de la sociedad conyugal o patrimonial entre compañeros permanentes.

---

trabajo y la contribución de los miembros de la pareja a la generación, mantenimiento y aumento de bienes conjuntos. (...). El plazo sólo aporta un dato cierto que, según el criterio del Legislador -que obra dentro del amplio margen de configuración que tiene en materia de regulación patrimonial de las distintas uniones-, puede llevar a suponer que han ocurrido ciertos hechos en relación con el patrimonio de la pareja que convive en unión marital, que son relevantes jurídicamente y merecen protección legal.

38. (...) el establecimiento de los dos años es efectivo y conducente, pues las reglas de la experiencia pueden indicar que la permanencia tiene el potencial de llevar a la construcción de una relación más sólida, que por haber perdurado en el tiempo puede llevar a la generación de un patrimonio común".

iv). Desde el momento en que se presente y ponga en conocimiento del cónyuge o compañero(a) permanente requerido, demanda instaurada con tal propósito (disolución de la sociedad conyugal o patrimonial entre compañeros permanentes), o desde el momento en que se inscriba medida cautelar idónea para el mismo fin.

v). Desde el momento en que se presente y ponga en conocimiento del cónyuge o compañero(a) apremiado cualquiera de las siguientes acciones promovidas por el cónyuge o compañero(a) permanente no contratante:

a). Demanda de simulación (artículos 180, 1766, 1774 y 1777 del Código Civil y 1° de la Ley 28 de 1932 y demás disposiciones concordantes).

b). Demanda de *nulidad relativa* que afecte los intereses de la sociedad conyugal o patrimonial entre compañeros permanentes (artículos 1740 y 1741 del Código Civil, 900 del Código de Comercio, y demás disposiciones aplicables).

c). Demanda de *nulidad de la donación que exceda el valor de 50 smlmv* y que afecte los intereses de la sociedad conyugal o patrimonial entre compañeros permanentes (artículos 1458 y 1740 del Código Civil, y sentencias SC de 16 de diciembre de 2003, Exp. N° 7593, y SC8837 de 19 de marzo de 2019).

d). Demanda de *nulidad absoluta* que afecte los intereses de la sociedad conyugal o patrimonial entre compañeros permanentes (artículos 1740 y 1741 del Código Civil, 899 del Código de Comercio, y demás disposiciones afines).

e). Demanda de *rescisión por lesión enorme* que afecte los intereses de la sociedad conyugal o patrimonial entre compañeros permanentes (artículos 1946 y ss. del Código Civil y demás disposiciones relacionadas).

En los eventos referidos en los numerales iii), iv) y v) se obstruye –podría decirse– la libre administración y disposición de bienes de la sociedad conyugal o patrimonial entre compañeros permanentes, aunque no medie demanda de disolución de la sociedad conyugal o patrimonial ni se encuentre inscrita medida cautelar idónea con el señalado propósito.

vi). Desde el momento en que aflore en el agresor de uno o varios del grupo familiar del que hace parte la prohibición de realizar *"cualquier acto de enajenación o gravamen de bienes de su propiedad sujetos a registro, si tuviere sociedad conyugal o patrimonial vigente"* (artículo 5 de la Ley 294 de 1996).

4). Conforme a la legislación hoy vigente (en concreto el artículo 5 de la Ley 294 de 1996), el maltratador de uno o varios miembros del grupo familiar del que hace parte, tiene prohibido realizar *"cualquier acto de enajenación o gravamen de bienes de su propiedad sujetos a registro, si tuviere sociedad conyugal o patrimonial vigente"*.

5). No todo acto simulado perjudica los derechos del cónyuge o compañero permanente del fingidor. Suele incurrir, incluso, que los favorezca (cuando apareja acrecimiento de lo que puede llegar a constituir el haber de la sociedad conyugal, o patrimonial entre compañeros permanentes, al momento de la disolución y/o liquidación de la misma).

6). El proceso de interdicción por disipación a que se refería el derogado artículo 32 de la Ley 1306 de 2009[58] (que había derogado

---

[58] Dicha norma disponía: *"LA MEDIDA DE INHABILITACIÓN.- Las personas que padezcan deficiencias de comportamiento, prodigalidad o inmadurez negocial y que, como consecuencia de ello, puedan poner en serio riesgo su patrimonio, podrán ser inhabilitadas para celebrar algunos negocios jurídicos, a petición de su cónyuge, el compañero o compañera permanente, los parientes hasta el tercer grado de consanguinidad y aún por el mismo afectado.*

a su vez el artículo 532 del Código Civil)[59], fue suprimido por la ley 1996 de 2019, lo que confirma de cierta manera la libertad de disposición de bienes adquiridos durante la vigencia del matrimonio o unión marital de hecho.

Los procesos de inhabilitación se adelantarán ante el Juez de Familia.

PARÁGRAFO. *Para la inhabilitación será necesario el concepto de peritos designados por el Juez".*

[59] El también derogado artículo 532 del C. C. establecía: *"El juicio de interdicción podrá ser provocado por el cónyuge no divorciado del supuesto disipador, por cualquiera de sus consanguíneos legítimos hasta en el cuarto grado, por sus padres, hijos y hermanos naturales, y por el ministerio público.*

El ministerio público será oído aun en los casos en que el juicio de interdicción no haya sido provocado por él".

BIBLIOGRAFÍA

Código de Comercio Colombiano

Código Civil Colombiano

Constitución Política de Colombia

Corte Constitucional, Sentencia C-1038 de 2002.

    Sentencia SU 214 de 2016 (M. P. Alberto Rojas Ríos).

Corte Suprema de Justicia, Sala de Casación Civil, sentencia SC de 24 de julio de 1969.

    Sentencia de 26 de agosto de 1980.

    Sentencia de 4 de octubre de 1982.

    Sentencia de 30 de julio de 1992.

    Sentencia 15 de septiembre de 1993 (exp. 127).

    Sentencia de 30 septiembre de 1998.

Sentencia de 30 octubre de 1998 (exp. 4920).

Sentencia de 5 de septiembre de 2001 (exp. 5868).

Sentencia de 16 de diciembre de 2003.

Sentencia de 30 de octubre de 2007 (rad. 2001-0200-01).

Sentencia SC3864 de 7 de abril de 2015.

Sentencia STC 16790 de 18 de diciembre de 2015.

Sentencia SC197 de 29 de agosto de 2016.

Sentencia SC16280 de 18 de noviembre de 2016.

Sentencia SC21801 de 17 de diciembre de 2017.

Sentencia SC8837 de 19 de marzo de 2019.

Sentencia SC1589 de 10 de agosto de 2020.

Sentencia SC3598 de 28 de septiembre de 2020.

Sentencia SC3727 de 5 de octubre de 2020.

Sentencia SC1971 de 12 de diciembre de 2022.

LEAL DÁVILA, Orlando. *Tres Estudios sobre la Simulación*, Monografías Jurídicas, Temis, Bogotá, D. C., 1993.

Ley 57 de 1887 (sobre hermenéutica interpretativa).

Ley 28 de 1932 (Sobre reformas civiles, Régimen Patrimonial en el Matrimonio).

Ley 54 de 1990 (Por la cual se definen las uniones maritales de hecho y el régimen patrimonial entre compañeros permanentes).

Ley 258 de 1996 (Por la cual se establece la afectación a vivienda familiar y se dictan otras disposiciones).

Ley 294 de 1996 (Por la cual se desarrolla el artículo 42 de la Constitución Política y se dictan normas para prevenir, remediar y sancionar la violencia intrafamiliar).

Ley 797 de 2003 (Por la cual se reforman algunas disposiciones del sistema general de pensiones previsto en la Ley 100 de 1993 y se adoptan disposiciones sobre los Regímenes Pensionales exceptuados y especiales).

Ley 1306 de 2009 (Por la cual se dictan normas para la Protección de Personas con Discapacidad Mental y se establece el

Régimen de la Representación Legal de Incapaces Emancipados).

Ley 1996 de 2199 (Por la cual se establece el régimen para el ejercicio de la capacidad legal de las personas con discapacidad mayores de edad).

SUESCÚN MELO, Jorge. *Derecho Privado, Estudios de Derecho Civil y Comercial Contemporáneo,* t. II, Legis, 2ª edición, Bogotá, 2005.

www.ingramcontent.com/pod-product-compliance
Lightning Source LLC
Chambersburg PA
CBHW050004230526
45465CB00003BB/1247